実践に学ぶ
特別支援教育

ASD児を中心とした情緒障害教育の
成果と課題、そしてこれからの姿

水野　薫　編
ASD教育実践研究会　著

本の種出版
bookseeds

はじめに

1969 年、東京都杉並区立堀之内小学校に通級制の情緒障害学級が開設され、わが国の公立学校における情緒障害教育がスタートしてから、50 年経とうとしています。当初から、小学校における情緒障害教育は、ASD（自閉スペクトラム症）児を中心とした発達に偏りのある子どもたちへの教育の場として発展してきました。東京都に続いて他の道府県でも情緒障害学級が開設され、多くの地区で、東京都と同様に「親子学級方式」で指導が始まりました。

この間、医療技術の進歩にともない、ASD の概念は大きく変わり、文部省・文部科学省、教育委員会や現場の教員たち、障害児の療育関係者もその影響を受けてきました。一方で、教育と他の領域の人たちの違いは、症状をみるのではなく、人をみるということでしょう。研究者の緻密な研究、医療現場での多彩な症状をもとにした諸説には、説得力がありますが、ときとして、「木を見て森を見ず」という傾向が出ることも否めません。

ASD の概念が変わったり、教育システムが変化したりして、対象となる子どもたちの状態は、大きく様変わりしましたが、今日においても小学校の情緒障害教育（特別支援教育）の中心は、ASD や ADHD など、発達に偏りがある子どもたちであることには変わりありません。状態像が大きく変化してきた背景には、乳幼児期からの適切な療育の成果が影響していると考えられます。同時に脳の研究の飛躍的な進歩により、障害特性をつかみやすくなり、治療や教育の可能性も広がりました。また、間接的ではあっても、症状を緩和できる薬物の開発も進み、保護者も療育関係者も教員も、子どもへの対応がしやすくなってきたといえます。

ここにきて、「発達障害」という概念が非常にあいまいになっています。特に教育においては、現象にとらわれて目立つ部分に注意が集中してしまい、人としての全体像を見失ってしまったり、症状形成の背景をみなかったりする風潮が強まっている実態があります。

文部科学省や東京都教育委員会は、通常の学級に在籍する「発達障害児」が 6％強おり、そのうち「教科学習に困難がある者」が半数以上を占め、「教科の補充指導」を行うことにより、適応状態の改善が期待できると考えているようです。しかし、通級指導や巡回指導を望む子どもたちのなかで、学習上の困難がある子どもはごく少数です。学校現場では、友達関係を中心とした対人関係の問題、落ち着きのなさや忘れ物など行動調整にかかわる問題のために、通常の学級での適応が困難になっている子どもたちが多いと実感しています。教育は、一時的な成果で「結果が出た」といえるようなものではありません。子どもたちの将来の姿を見通して、今必要なことを、適切な方法で指導することこそが重要なのです。

長く自閉症研究と実践に携わった者として、これまでの約半世紀を振り返り、情緒障害教育の成果と課題を明らかにし、これからの教育の充実に寄与したいと考えました。研究者や医者などの立場とは違う、実践家の視点で、これからの情緒障害教育（特別支援教育）の何らかのヒントとなるものを届けたいと願い、本書を作成しました。

2017 年 5 月

編者　水野　薫

第1部　小学校情緒障害教育の歩み

第2部　今後への期待——引き継ぎたい教育の姿

その1　対象児の実態把握と支援計画

その2　指導の実際

年表●ASD（自閉スペクトラム症）児等の教育

(年)	世界情勢・障害の概念	ASD 研究・概念・治療法
	・1945　第二次世界大戦終結、日本無条件降伏　日本で普通選挙実現（20 歳以上男女に選挙権） ・1948　GHQ が日本に経済安定 9 原則を指令 ・1949　中華人民共和国成立 ・1950　朝鮮戦争勃発 ・1951　サンフランシスコ講和条約に調印、日本の独立を回復 ・1955　アジアアフリカ会議開催 ・1956　日本が国際連盟に加盟	・1943　カナーが「情緒的接触の自閉的障害」を報告。翌年「早期幼児自閉症」と命名 ・1944　アスペルガーが「小児期の自閉的精神病質」と題した論文を発表
1960	・1964　日本が OECD（経済協力開発機構）に加盟　東京オリンピック開催	・1967　ジョンソンとマイクルバスト『Learning Disabilities』（日本語版は 1975 森永良子・上村菊朗 訳『学習能力の障害―心理神経学的診断と治療教育』）を刊行。ASD の認知障害をよく説明している ・1968　平井信義『小児自閉症』を刊行。ASD は母子関係の障害による社会的ひきこもり状態、ASD 児は高い潜在能力を有すると説く
1970	・1973　第一次石油危機 ・1975　国連「障害者の権利宣言」採択	・1970　平井信義・石井哲夫『自閉症児の治療教育』を刊行。自閉症心因説の考えをもとに、母子関係の改善と情緒の安定を図るためのプレイセラピーを主とした受容的アプローチを提唱 ・1970 頃から　ウイングらロンドン学派の考え方が徐々に浸透（→日本へは 1975 年前後に紹介される）。認知・言語・対人関係の障害。スペクトラム概念の考え方（ウイング、ラター等）。認知障害（ハームリン、オコナー）。ほぼ同時期に米では行動分析理論に基づく治療教育法が提唱される（ロバース。→日本へは 1979 年に紹介される） ・概念の混乱：カナータイプ（自閉的孤立状態が顕著）／アスペルガータイプ（奇妙な印象の対人行動を示す）論争が起こる

行政施策	ASD 児等の教育	（年）
・1947（昭和 22）「日本国憲法」施行、「教育基本法」公布・施行		
		1960
・1965（昭和 40）　文部省「心身障害児の判別と就学指導」の中で情緒障害を①情緒的・感情的なもつれ、あつれきに起因する行動異常、②情緒的未成熟による行動異常ととらえる ・1967（昭和 42）　文部省「児童・生徒の心身障害に関する調査」実施。調査項目として「自閉症の疑い」を挙げる ・1969（昭和 44）　東京都「情緒障害児教育のしおり」発表	・1967（昭和 42）　厚生省自閉症治療機関を指定（三重県立高茶屋病院・大阪府立中宮病院・新潟県立療養所悠久荘・東京都立梅ヶ丘病院） 文部省研究指定校として津市高茶屋小分教室：重度情緒障害児の教育内容・方法 ・1968（昭和 43）　文部省研究指定校として市川市国府台小・市川第一中・宮崎市大淵第一小。医療機関と密接して研究を進め医療主導の実践教育を行う ・1969（昭和 44）　東京都杉並区立堀之内小学校に「通級制」の特殊学級を開設、情緒障害教育の始まり。教育的視点でASD への対応を考える。積極的指導が徐々に浸透（今日まで続く情緒障害教育の基本的な姿勢）。行動療法、知的障害教育、高次脳機能障害等を参考に効果的な指導方法を追究。行動療法を取り入れた生活全体へのアプローチの広がり。指導効果が認められ受容的アプローチの限界に気づく	
		1970
・1971（昭和 46）　文部省「精神薄弱養護学校学習指導要領」を発表。養護・訓練と小学部に「生活科」を新設 ・1974（昭和 49）　東京都が希望者全員就学を実施 ・1978（昭和 53）　文部省「教育上特別な取扱いを要する児童・生徒の教育措置について（通達）」を出す ・1979（昭和 54）　厚生省心身障害研究班「発達経過による自閉症臨床像の素描—『自閉症』診断のための手引き（試案）」を発表 文部省養護学校義務制施行、「学習指導要領」改訂	・1975（昭和 50）　全国情緒障害教育研究会東京大会開催。発達のアンバランスに着目し効果的な指導を展開するための「発達的視点」での実態把握の試み。認知、言語、感覚統合へのアプローチが試みられ体系化された ・1978（昭和 53）文部省の通達を受けて対象者が明確化、小学校の教育課程をおおむね習得可能な者（知的な遅れのあるPDD は知的障害教育へ）とされる	

年表●ASD（自閉スペクトラム症）児等の教育

(年)	世界情勢・障害の概念	ASD 研究・概念・治療法
		・「高い潜在能力」への疑問呈される
		・英米の臨床家、日本の教育関係者の間で自閉症心因説の否定、脳機能障害説の浸透がみられる
		・米で多動症状緩和の薬物療法始まる：メチルフェニデート（リタリン）の効果が認められ、以降日本でも使用（うつ、睡眠障害治療薬として認可）
		・行動療法による治療始まる
		・1977（昭和 52）　中根晃が講演で認知・言語の障害を基礎におく中枢神経系の機能障害と述べる
		・1979（昭和 54）　中川四郎が講演で脳機能障害を基礎にもち、背景に出生時障害、代謝障害等が示唆されると述べる
1980	・1980　WHO が ICIDH（国際障害分類）発表。障害を「機能障害」「能力障害」「社会的不利」で説明	・1980　米国精神医学会が DSM-Ⅲを発表。広汎性発達障害（PDD）の名称を用い発達障害のひとつとして位置づけ
	・1981　国連国際障害者年。テーマは「完全参加と平等」	・1981　ウイングがアスペルガーの論文を英文誌に紹介
	・1983　国連障害者の 10 年（1992 年まで）	・LD（Learning Disabilities；学習障害）概念の台頭
	・1986　チェルノブイリ原発事故	・1987　米国精神医学会が DSM-ⅢR を発表
	・1989　国連「児童の権利に関する条約」採択	・1989　フリスが『自閉症の謎を解き明かす』（日本語版は 1991 富田真紀・清水康夫 訳）を刊行。「心の理論の障害（ToM）」が広く受け入れられる
	マルタ会談で東西冷戦が終結	
1990	・1990　東西ドイツ統合	・オゾノフ実行機能障害説を発表。前頭前野の機能障害を説明
	・1991　湾岸戦争勃発	・1993　日本版 K-ABC 刊行。ウェクスラー系、ビネー系の検査に加わる新しい発達評価法として学校教育での活用始まる
	ソビエト連邦崩壊	
	・1993　EU（欧州連合）発足	・1994　米国精神医学会が DSM-Ⅳを発表
	・1995　阪神淡路大震災	・1990 年代後半から　研究者・心理職等による対人関係の改善に特化した SST の乱立

行政施策	ASD 児等の教育	(年)
		1980
・1981（昭和 56）.3　東京都心身障害教育内容充実検討委員会・東京都教育庁指導部心身障害教育指導課「情緒障害児の望ましい教育の在り方」を発表。小学校情緒障害学級における ASD 指導の基本的な考え方、指導の柱が明示される	・1980（昭和 55）文部省指定実験校として金沢市立ひょうたん小：自閉症児の指導内容・方法に関する研究。ほかに養護学校での研究あり。知的な遅れを伴う ASD に対して TEACCH の有効性が支持される ・1980 頃から　境界線知能から正常知能の ASD への教育的対応の追究（脳機能障害に起因する社会的認知の障害、汎化の困難等に対する認知、言語、感覚・運動の総合的アプローチ。生活場面への汎化の視点で改めて知的障害教育に学ぶ。指導技法として応用行動分析〈ABA〉の考え方を取り入れる） ・1981 頃　ASD 児指導体系確立 ・1985 頃から　LD 症状は PDD 特性の一部との視点から、症状の背景に注目しての対応始まる	
		1990
・1992（平成 4）.3　文部省通級学級に関する調査研究協力者会議「通級による指導に関する充実方策について」（審議のまとめ）を発表 ・1993（平成 5）.1　「学校教育法施行規則」一部改正、通級による指導の法制化 ・1993（平成 5）.6　文部省特殊教育研究会「通級による指導の手引―解説と Q ＆ A」発行 ・1994（平成 6）「児童の権利に関する条約」批准 ・1998（平成 10）　文部省「学習指導要領」改訂	・1991（平成 3）～ 1994（平成 6）　国立特殊教育総合研究所「教科学習に特異な困難を示す児童・生徒の類型化と指導法の研究」実施 ・情緒障害学級対象児の拡大と、「学習障害」と診断あるいは判断された子どもの割合増加（指導内容・方法の基本は変わらず） ・担当教員の需要増にともない、相対的に専門性の高い教員が減少 ・有効な教員養成、現職研修の不足不備続く。大学・教育委員会にも情緒障害教育の専門家が少なく需要に応じられず。ベテラン教員、OB・OG による良質の研修・自主研修は充実	

(年)	世界情勢・障害の概念	ASD 研究・概念・治療法
2000	・2001　WHO が ICIDH を改訂した ICF（国際生活機能分類）採択。生活機能を「心身機能・身体構造」「活動」「参加」に分け、これらに影響を与える背景因子として「環境因子」「個人因子」を挙げる ・2002　東アジア共同体構想が提唱される ・2006　国連「障害者の権利に関する条約」採択 ・2008　リーマンショック	・2000　米国精神医学会が DSM- Ⅳ TR を発表 ・2003　バロン＝コーエン「E-S（共感化 - システム化理論」を提唱 　　　　神経心理学者ら弱いセントラルコヒレンス仮説を主張 ・2007　日本版 DN-CAS 刊行
2010	・2011　東日本大震災	・小学校教育を熟知しない研究者・心理職等による読み・書き・計算のハウツー的な指導法の提案起こる。障害特性や人間発達の本質からそれた部分的・一時的な効果であり「木を見て森を見ず」、問題の先送りともいえる ・2013　米国精神医学会が DSM-5 を発表。自閉スペクトラム症（ASD）は重度から限りなくノーマルまでの連続体としDSM- Ⅳまでのカテゴリーを廃止

行政施策	ASD 児等の教育	(年)
	・ソーシャルスキルス絵カード、状況絵カード、表情絵カード、SST など、LD 研究・実践者の指導法・教材活用の試み。しかし、学習内容の広がり（汎化）・発展性なく、次第に指導教材の1アイテム・ツールとしての利用に落ち着く	
		2000
・2001（平成 13） 文部科学省 21 世紀の特殊教育の在り方に関する調査研究協力者会議「21 世紀の特殊教育の在り方について（最終報告）」発表 ・2003（平成 15） 文部科学省特別支援教育の在り方に関する調査研究協力者会議「今後の特別支援教育の在り方について（最終報告）」発表 ・2004（平成 16）.1 文部科学省「小・中学校における LD（学習障害）、ADHD（注意欠陥 / 多動性障害）、高機能自閉症等の児童生徒への教育支援体制の整備のためのガイドライン（試案)」発表 ・2005（平成 17）.4 「発達障害者支援法」施行 ・2006（平成 18）「学校教育法施行規則」一部改正、「教育基本法」全部改正 ・2007（平成 19）「学校教育法」一部改正。特殊教育から特別支援教育へ ・2008（平成 20） 小中学校「学習指導要領」改訂	・ソーシャルスキルス絵カードなどは情緒障害教育では、教育活動全体の中に組み込む形で取り上げられている ・ソーシャルスキル・コミュニケーション指導の追究（今日も続いている）	
		2010
・2010（平成 22） 東京都「東京都特別支援教育推進計画第三次計画」発表。「情緒障害等通級指導学級」を廃止し「特別支援教室」へ ・2012（平成 24） 文部科学省「通級による指導の手引―解説と Q ＆ A」改訂第 2 版発行 ・2014（平成 26）「障害者の権利に関する条約」批准 ・2014（平成 26） 東京都「特別支援教育資料 小・中学校の特別支援教育の推進のために」発表 ・2015（平成 27） 東京都「特別支援教室の導入ガイドライン」発表 ・2016（平成 28）「障害者差別解消法（障害を理由とする差別の解消の推進に関する法律)」施行 ・2016（平成 28） 東京都「東京都発達障害教育推進計画」発表	・あいまいな入級相談で対象児が拡大、専門性の高い教員の確保困難となる ・学校・学級の指導の差が一層拡大 ・専門性の低い教員による「教科の補充指導」と称する個別の教科指導で学習塾化した学級・教室の出現 ・学校現場、保護者、医療・療育関係者などから東京都の方針への疑問起こる。あらためて真の情緒障害教育の追究が必要と確認される	

● ASD（自閉スペクトラム症）の呼称について●

　いわゆる自閉症をさす呼称は、時代によっていくらかの変遷があります。本書では、原則として「ASD」または「自閉スペクトラム症」という呼称を用いています。

　医療では、現在、PDD と ASD が使われています。この２つについて、簡単に説明します。

　広汎性発達障害（Pervasive Developmental Disorders：PDD）は、自閉症を状態像によって、いくつかの下位分類に分ける立場です。米国精神医学会が 1980 年に発表した DSM- Ⅲ（Diagnostic aud statistical manual of mental disorders：精神疾患の診断・統計マニュアル）から、この用語が用いられるようになりました。PDD の診断基準では、大きく３つの特徴が挙げられています（さらに５つの下位分類）。

1　相互的な対人関係技能
2　意志伝達能力
3　常同的な行動・興味・活動の存在　　『DSM- Ⅳ精神疾患の診断・統計マニュアル』（医学書院、1996 年）pp.82 ～ 93 参照

　DSM- Ⅲ、DSM- Ⅲ R、DSM- Ⅳと、PDD が使われていましたが、2013 年に DSM-5 が発表され（日本語版は 2014 年６月）、PDD が ASD（Autism Spectrum Disorder：自閉スペクトラム症）という用語に代わりました。自閉症は、重い症状を示すものから、一般の人に近い状態までの連続体であるという考え方が支持されたためです。従来から、一人の自閉症児・者が、加齢や治療、教育等によって、状態像が変わるものであるという臨床的事実が指摘されてきましたが、今回の改定によって、明確に位置づけられたといえるでしょう。

　DSM-5 では、ASD は大きく２つの特徴にまとめられました。下位分類はなく、その重症度によってレベル１～３に分けて支援の必要度を提示しています。

1　社会的コミュニケーションの障害
2　限定された反復的な行動様式

　DSM-5 の、自閉スペクトラム症／自閉症スペクトラム障害（ASD）の診断基準

A　複数の状況で社会的コミュニケーションおよび対人的相互反応における持続的な欠陥があり、現時点または病歴によって、以下により明らかになる（以下略）

B　行動、興味、または活動の限定された反復的な様式で、現在または病歴によって、以下の少なくとも２つにより明らかになる（以下略）

C　症状は発達早期に存在していなければならない（しかし社会的要求が能力の限界を超えるまでは症状は完全に明らかにならないかもしれないし、その後の生活で学んだ対応の仕方によって隠されている場合もある）

D　その症状は、社会的、職業的、または他の重要な領域における現在の機能に臨床的に意味のある障害を引き起こしている

E　これらの障害は、知的能力障害（知的発達症）または全般的発達遅延ではうまく説明されない（以下略）

注：DSM- Ⅳで自閉性障害、アスペルガー障害、または特定不能の広汎性発達障害の診断が十分確定しているものには、自閉スペクトラム症の診断が下される（以下略）

　『DSM-5 精神疾患の診断・統計マニュアル』（医学書院、2014 年）pp.49 ～ 57 より引用

第1部
小学校 情緒障害教育の 歩み

黎明期──1965年〜1975年

多くの障害児と同様、就学猶予・免除とされていたASD児の学校教育への受け入れが始まりました。

〈年表〉

1961年 ●情緒障害児短期治療施設が新設される

1965年 ●文部省「心身障害児の判別と就学指導」を発表

1966年 ●東京都A学校にASD児が入学

1966年 ●「自閉症と言われた子の担任の会」設立

1967年 ●文部省「児童・生徒の心身障害に関する調査」実施

1967年 ●東京都公立学校情緒障害教育研究会（都情研）創設

1968年 ●全国情緒障害教育研究会（全情研）創設

1969年 ●通級制の特殊学級開設

1969年 ●東京都教育庁「情緒障害児教育のしおり」発行

1）ASD児を学校教育へ

■就学猶予・免除の扱いだったASD児

ASD（自閉スペクトラム症）が母子関係の障害であるかもしれないと考えられていた時代に、情緒障害教育は始まりました。

障害がある子どもたちの多くは学校教育の対象外とされ、保護者が就学猶予・免除を申し出て、家庭や福祉施設などで生活をしていた時代です。当時ASDは、情緒的に混乱した重い症状を示す障害とみられていたため、ASD児も教育の対象とは考えられず、心理治療や医療的対応が中心でした。

■通級制をとる特殊学級への受け入れ

多くのASD児は、就学猶予・免除の扱いを受けていましたが、1966（昭和41）年に東京都のA小学校にASD児が入学したのを機に、ASD児にも学校教育をきちんと受けさせたいという考えをいだく教師や保護者たちの努力で、情緒障害学級開設の運びとなったのです。

1969（昭和44）年杉並区立堀之内小学校に開設された「通級制」の特殊学級（今日でいう「特別支援学級」）です。

■「親子学級方式」での教育

この頃の研究者や医療関係者たちは、ASD児には重い情緒の障害があると考えていました。ASD児は、情緒が安定すれば「普通の子」になると考えられていたため、ふだん子どもたちは普通学級（今日の「通常の学級」）に在籍し、週に何回か情緒障害学級に通って、専門的な指導（治療教育）を受けるという「親子学級方式」が採用されました。

「親子学級方式」とは、児童が主として指導を受ける学級（親学級）と障害の改善・克服のための特別な指導を受ける学級（子学級）の2つの教育の場で、指導を受けるシステムをいいます。

■「親子学級方式」に２つの形態

「親子学級方式」には、大きく、２つの形態があります。

１つは、児童の学籍が親学級にある場合です。通常の学級に学籍を置き、多くの時間をそこで過ごします。そして、曜日・時間を決めて通級制の情緒障害学級（非在籍の子学級）に通います。

もう１つは、児童の学籍が子学級にある場合です。親学級である通常の学級は「協力学級」「交流学級」などとよばれ、多くの時間をそこで過ごします。そして、曜日・時間を決めて固定制の情緒障害学級（在籍学級）に通います。

■どちらをとるかは自治体により異なる

東京都では非在籍の「通級制」の学級ですが、他の自治体の多くは、児童は情緒障害学級に在籍し、ふだんは通常の学級である「協力学級」「交流学級」で教育を受け、週に１～２回情緒障害学級に通う形態をとっていました。

背景には、設置する自治体の財政状況が深く関係しているといわれています。非在籍の学級の設置と維持、およびそこを担当する教員の給与などの財源は、国家予算ではなく、自治体が負うことになります。独自でこれを負担することが困難な自治体の多くは、「親子学級方式」ではあるが、制度上は情緒障害学級に児童が在籍し、協力学級、交流学級に通級するという形態をとりました。

2) ASD児はどうとらえられていたのか

■「情緒障害」の概念規定をめぐり国は…

学校教育の新たな対象となったASD児は、制度上、またその運営上、どのようにとらえられていたのでしょうか。

文部省（当時）は1965（昭和40）年10月「心身障害児の判別と就学指導」の中で「情

２つの親子学級方式

①親学級に学籍がある場合

親学級（在籍学級） ●多くの時間を過ごす通常の学級

↓曜日・時間を決めて通級

子学級（非在籍） 「通級制の情緒障害学級」

②子学級に学籍がある場合

親学級（非在籍） ●「協力学級」「交流学級」などとよぶ　●多くの時間を過ごす通常の学級

↓曜日・時間を決めて通級

子学級（在籍学級） 「固定制の情緒障害学級」

緒障害」なる用語を用いていますが、明確な概念規定はなされていません。

これに先立つ1961（昭和36）年には、「児童福祉法」に基づく情緒障害児短期治療施設（現在の児童心理治療施設）が新設されましたが、施設について「軽度の情緒障害を有するおおむね12歳未満の児童を、短期間、収容し、又は保護者のもとから通わせて」治療すると定義されているだけで、ここにおいてもはっきりした概念規定は見当たらないようです。

ところが、1967（昭和42）年に実施された「児童・生徒の心身障害に関する調査」の項目には「自閉症」が載っています。「ア登校拒否症の疑い　イ神経症の疑い　ウ緘黙症の疑い　エ自閉症の疑い　オ精神病の疑いカ脳の器質的障害の疑い　キその他」となっています。この頃の情緒障害は「一次的行動異常」とされ、脳機能障害とは別のものとして分類されていたようです（東京都心身障害教育内容充実検討委員会・東京都教育庁指導

部心身障害教育指導課「情緒障害児の望ましい教育の在り方」 1981〈昭和56〉年3月より[文献1]）。

　このように、ASD児のための特殊学級を「情緒障害学級」とした根拠も、あいまいでした。情緒障害児短期治療施設の中に、今日のASDの特性をもつ子どもが入所していたという事実はあったようです。

■東京都教育庁のしおりでは…

　東京都教育庁指導部は1969（昭和44）年2月に「情緒障害児教育のしおり」を発行し、各区市教育委員会に周知させました。この中で、登校拒否児、乱暴な子、学校で話をしない子などとともにASDの子どもについて取り上げられています（**資料1**）[文献2]。当時のとらえ方が、今日のASDの概念からは大きく異なることがわかります。

　なお、このしおりでは、事例として、教育相談室でのプレイセラピーの結果、母親が変わり子どもの状態が改善したとされる幼児が紹介されています。

■ ASD児教育に影響を与えた医師は…

　情緒障害学級の担任たちは、ASD観の変遷（コラム参照）に戸惑いつつも、敏感に反応し、指導内容、方法の充実を図ってきました。多くの児童精神科医、小児科医などの助言を仰ぎ、ともに勉強をしたりしてきました。すでに故人となられた平井信義医師、牧田清志医師、長瀬又男医師、中川四郎医師、中根晃医師などを挙げることができます。

　このうち、中根医師は、早くから、ASDは中枢神経系の機能障害に起因する発達障害であること、意図的で積極的な指導で変容が期待できると述べていました。当時、多くの臨床家、特に心理職（今日の臨床心理士）が、ASDは母子関係の障害という立場で、プレイセラピーを中心とした療育を行い、母親には子どもに寄り添うこと、パニックを起こさないように無理をさせないことを求めたり、周囲の子どもたちのよい刺激を受けることで伸びるのだから、1年就学猶予をして通常の学級に入ることが望ましいと助言したりしていました。多くの情緒障害学級には、就学猶予をしたASD児が通級しており、学習レディネスを逸して吸収しにくくなった子どもたちへの対応に苦労していました。

中根医師は、通常の学級に在籍して情緒障害学級に通級することが、その子にとって最もふさわしい教育的対応であるか否かを考え、知的障害学級への措置変更を勧めることもありました。1970年代から80年代当時の医療に従事する心理職には、考えられないような発想でしたが、中根医師は、長い臨床経験から、ASD児の知的能力については、ASDの特性が軽減しても伸びるものではないことを主張しています。臨床の合間に、近隣の情緒障害学級に赴き、授業場面を見たり学級内の事例検討に参加したりして、教員に具体的なアドバイスをすることもありました。

中根医師自身は、学校教育に学ぶことが多く、それが患者さんに反映できると述べていました。このような医師の姿勢や理論は、現場の教員たちにとって大きな支えとなりました。教員たちは、高い潜在能力があるという考え方に疑問をいだき、ASD児には発達的な障害があり、学校での積極的な指導や家庭でのしつけが状態の改善に効果的であると考え、実践に励んでいたのです。医師は、その著書の中で**資料2**のように述べています[文献3]。

すなわち、「自閉症」の症状が第一義的にあるのではなく、言語、認知などの障害をもたらす中枢神経系の機能障害があり、結果的に、自閉的な特性を呈すると述べています。年齢や言語、認知能力の向上により、自閉性は次第に軽減していくという事実に言及し、積極的な指導や対応の必要性を強く主張して

Column

ASD観の変遷──「自閉症」という呼称をめぐって

最初の症例報告者など世界の動き

カナーは1943年に最初の症例報告をしたときに「早期幼児自閉症」と名づけ、アスペルガーは「自閉性精神病質」と名づけました。

「自閉」という用語は、もともとは、統合失調症の臨床家であり研究者であるブロイラーが、この病気が長期化し最後にはまったくといってよいほど周囲に関心を示さず、自分の世界に閉じこもった状態に至る様子を表現したものです。1911年のことです。

カナーは、当初、自閉症は統合失調症の超早期発症型と考えていました。対人疎通性に乏しく、常同行動への没頭が顕著な子どもたちの様子が、統合失調症末期の状態と似ていることから、「自閉」という言葉をあてたようです。

アスペルガーは、性格的な偏りというとらえ方をしました。自閉的孤立と対人疎通性を欠く一方的なコミュニケーション態度を示す状態像から、男性性の極端な表れと考え、自閉性精神病質と名づけたものです。

その後、統合失調症の治療が進み、著しい自閉の状態に陥るケースは減ってきました。ASDは、発達障害であることがはっきりしてきました。今日では、両者は別のものという考え方が一般的になってきましたが、両者には共通する特性があるという報告もあります。

わが国の教育現場では…

わが国では、情緒障害教育が始まった当時、確定された診断名はありませんでした。学校教育では、一般化されていない診断名は使いません。子どもたちのあまりに多様な状態に対しては、医師や心理職なども困惑していたようです。

当時使われていた呼称を挙げてみましょう。「自閉症児」「自閉的傾向」「自閉性障害児」「自閉症候群」「自閉性精神薄弱児」などなどです。医者や研究者によって、同じ状態を示す子どもであってもまったく違う「診断名」がつけられることもあり、命名者の名前を取って○○自閉症、××自閉症などというほどでした。

共通する特性として、今日でいう社会性の障害を当時は「自閉」の状態にあるとか「自閉的」と表現することが多く、情緒障害学級の担任たちは、この子どもたちを「自閉児」という共通の用語を用いていた時代もありました。

ある報告により一応の終止符

やがて、厚生省心身障害研究班が「発達経過による自閉症臨床像の素描──『自閉症』診断のための手引き（試案）」を報告したことによって（1979〈昭和54〉年刊）、自閉症に対する、さまざまな論議に一応の終止符を打ったといえます。すなわち、教員たちが経験的に考えていた「ASDは心因性の障害ではなく、発達的な障害である」という認識が一般に受け入れられるようになったのです。

います。

　現在、担任たちに大きな影響力をもつのは、杉山登志郎医師、山﨑晃資医師の両先生でしょう。東京都の教員たちは、地理的な条件もあり杉山医師と直接勉強会をもつことは困難です。山﨑医師とは、東京都公立学校情緒障害教育研究会（都情研）有志が企画する事例検討会（隔月に開催）で定期的にディスカッションしており、この会は30年以上続いています。この検討会には、担任のほかに、心理職や家庭支援にかかわる人たちなど、ASDの子どもたちにかかわるさまざまな人が集まり、勉強を続けています。

　ここに、ASD児教育に大きな影響を与えた山﨑晃資医師の講演の一部を引用します（資料3）。山﨑医師は、国際児童青年精神医学会の元会長で児童精神科医。日本自閉症協会の前会長でもあります。

3）情緒障害学級担任による取り組み

■手探りの格闘の中から

　情緒障害教育にかかわる教師たちは、医師や心理職、保護者などとともに、学校教育の中で、手探りでこの子たちの抱える困難とまさに格闘してきたといえます。

　こんな時代に、ASD児に学校教育をという熱い思いをいだいた教師、医師、研究者、

行政関係者たちの尽力で、「自閉症と言われた子の担任の会」が設立されたのが、情緒障害教育の発祥といえるでしょう。1966（昭和41）年のことで、村田保太郎氏らの尽力によります。平井信義氏（当時はお茶の水大学）や石井哲夫氏（当時は日本社会事業大学）らに助言を仰ぎつつ、担任たちはASD研究と学校教育の実現に努力していたものです。

■学びの場を求め研究会などに参加

　この前後から、情緒障害学級の担任や情緒障害教育に関心のある教師たちは、現場での教育以外に、ASDにかかわるさまざまな職種、保護者などと、勉強を重ねてきました。ASD児の多くが、治療や相談など何らかの形で精神科・小児科の医師や心理士（今日の臨床心理士）とつながりをもっており、教師たちは、医師、心理士、研究者たちとともに、研鑽を重ねていました。

　この姿は、今日にも引き継がれ、意欲的な担任たちは、各種の研究会、学会等に加わったり、専門機関や個人が主催する研修会に参加したりして、実践的指導力の向上に努めています。

■全国情緒障害教育研究会（全情研）

　今日では、さまざまな研究団体が作られ、それぞれの特色を出しています。そのなかで、おそらくもっとも古く、多くの教師や関係者

　私と自閉症の子どもとの出会いは、昭和 38 年に、北海道大学医学部精神科で最初に担当したケースが自閉症だったことでした。当時は、自閉症は教育の対象にはされておらず、「自閉症は心因性の情緒障害であるから、治ってから通学させればよい」という考え方が中心でした。そのような状況の中で、昭和 42 年から、北大医学部精神科分室（旧北大教育学部幼稚園を期限つきで借りたもの）で、教育学部や文学部の有志の方々の協力を得て、自閉症の子どもたちのグループ指導を開始しました。

　昭和 44 年 4 月、全国に先駆けて東京都杉並区立堀之内小学校に情緒障害学級「堀之内学級」が開設されました。私たちは昭和 45 年に堀之内学級を見学に行き、この学級を参考にして札幌市でも情緒障害学級を開設しました。

　この当時は、「障害児教育は差別、囲い込み」であり「障害の有無にかかわらず普通学級で教育を受けさせるべきである」という考え方もありました。ようやく、1980 年代には自閉症は発達障害の一部として理解されるようになり、積極的な教育の必要性が受け入れられるようになりました。1979（昭和 54）年の養護学校義務制の施行頃から、情緒障害教育の対象は、次第に自閉症の子どもが中心となってきたのです。

　私は、最近、情緒障害教育を受ける子どもたちの状態像が、急速に広がってきているように感じます。自閉症、知的障害、多動性障害、学習障害などのほかに、一見、診断分類がはっきりしない子どもたちの通級が増えてきたようです。その意味では情緒障害学級は、より広範な領域の多様な子どもたちを受け入れるようになったといえるでしょう。病院の外来で出会う子どもたちも診断分類名がつきにくいケースが増え、多様化、低年齢化しています。外来診察場面では明るくよく話す子どもが、学校や家庭の話になると形相が一転してしまうこともあります。過去のことを詳細に憶えていて、難解な言葉で一方的にしゃべり続ける子どももいます。「いろいろなお友達とつきあうと楽しいことがあるかもしれないよ」と言うと、「あいつは IQ や成績がいくら以上だから、対等につきあえる」と、IQ や偏差値のレベルで人を区別するようなケースを、どのように理解したらよいのでしょうか。多動性障害の治療薬を幼児期から安易に服用し続け、弊害が出ているケースもあります。このような時代に、情緒障害教育のあり方を、どのように考えるべきかは、重要な課題です。

「これからの情緒障害教育の役割──医学の立場から」（開級 30 周年記念紀要　杉並区の情緒障害教育 30 年の歩み記念講演会、1999 年 10 月）より

たちが参加してきた団体は、「全国情緒障害教育研究会（全情研）」でしょう。全情研は、1968（昭和 43）年に創設され、2017（平成 29）年に 50 周年を迎えています。

　まず、全情研の性格ですが、個人で参加する会という特徴があります。つまり、ASD に関心のある個人が、自身の意思で参加しています。会員は、教育関係者だけでなく、行政関係者、医師や臨床心理士、言語聴覚士、保育士、大学等の研究者、保護者など、多岐にわたっています。それぞれの会員が、それぞれの立場で主体的に学習し、情緒障害教育の発展に努めてきています。

　事務局と各都道府県の地区理事とが連携をとりながら、毎年 1 回研究大会を開催しています。会長および事務局のほとんどは東京都の情緒障害学級の担任たちが中心に担ってきました。

※抜粋あるいは項目のみ

Ⅱ　指導の経過

　4　指導計画の検証　指導計画の概要　3. 全体的な計画 ……………… 指導内容

　　（1）対人関係成立まで　（イ）児童理解　（ロ）一対一の対決と集団参加

　　（2）学習活動の啓発と促進

　　（3）基本的生活習慣の形成

　　（4）才能の開発と拡大

　　（5）その他

Ⅲ　情緒障害児教育をめぐる諸問題について

　1　児童の変化と親の変容の関係について

　（略）

　2　知的能力について　※①～③の番号は筆者がつけたもの

　　①（略）われわれは、この子どもたちの知的な能力について、従来いわれてきた観点では大きな疑問をいだかざるをえない。（略）

> 実践を通して得た知見である。高い潜在能力を有するという当時の識者の見解に対して、実践を通して疑問を呈している。

　　②（略）生活範囲が広がった現在でさえ、ここから脱皮できないでいるのは、やはりなにかしら能力に欠ける点があるのではないかと考えられる。

> 事例を通しての知見。療育や教育を通して、生活経験が広がった子どもでも、問題行動が大きく改善したり、あるはずの潜在的な知的な能力が発現したりはしないことを指摘している。

　　③（略）彼らは・関心のないことには一向に反応しないし、また、関心を示して反応する事柄はごく限られているということ。あるいは場面の変化に対して、ひどく不適応をおこすこと。生活習慣がさっぱり身につかないことなど、やはり、ある種の能力に欠けるためで、知的な能力が高ければ、どう対処していくか、いかに問題を解決していくか、特別な訓練をしないでもある程度はできるはずであろう。特に思考がひどく一本調子で広がりがないなど、まさに発達の遅滞であろう。

> 興味関心の偏り、変化への抵抗、しつけの難しさなど ASD の子どもによくみられる特性が、この時点ですでに述べられ、特別な訓練（意図的な指導）である程度改善できると指摘している。特に知的発達の遅れが大きく認知幅が狭い場合や、最近いわれる弱いセントラル・コーヒレンスに課題があるのではないかと気づいていた。

付表Ⅳ　評価の試案 ……………… 実態把握の観点

　Ⅰ　心情・態度・行動の変化

　Ⅱ　健康・安全生活の理解と態度

　Ⅲ　基本的生活習慣の確立

　Ⅳ　知的能力と学習への参加

　Ⅴ　学校生活への適応

　総合判定

杉並区立堀之内小学校　「研究集録　情緒障害児の指導──自閉児　昭和44年度』（1970年3月）より

■東京都公立学校情緒障害教育研究会（都情研）

全情研とは別に、東京都には「東京都公立学校情緒障害教育研究会（都情研）」があります。全情研より早く、1967（昭和42）年に創設されました。これに先立って設立された前述の「自閉症と言われた子どもの担任の会」が、東京都の情緒障害教育の基盤を作ったといえます。

全情研の会長や事務局を東京都が引き受けた背景には、都情研の協力が大きかったといえそうです。東京都は早くから情緒障害学級が開設され、担当する教職員の人数が多かったこと、大学や研究機関、医療機関との連携がとりやすく、教育内容が充実していたことがあり、組織的に動きやすかったことも関係しているでしょう。

■都情研は公的な性格が強い

全情研と都情研の大きな違いは、個人単位で動く全情研に対して、都情研は東京都の各区市が分担金を払う公的な性格が強いということです。運営は、情緒障害学級設置校の管理職と担任が担っています。

発足当初、情緒障害教育を専門とする人が東京都教育委員会（都教委）にはおらず、都情研は、都教委と協力しながら、情緒障害教育の充実・発展に努めてきました。情緒障害学級担任の研修の場であることはもちろんですが、通常の学級に在籍する情緒障害の児童・生徒への対応や、情緒障害やASDにかかわる基礎から最新の理論までを学ぶ研修会などを企画してきました。

全情研は会員として、都情研は顧問として、ASDや不登校、発達障害等にかかわる専門家に、多くの指導・助言を受けてきました。

共同研究を行う学級もありました。行政関係者との連携も密に行われ、文部省・文部科学省、厚生省・厚生労働省、都教委などの、研究にもかかわってきました。

■堀之内小学校・初代担任鈴木茂の気づき

当初、ASD児に対する対応は、遊戯療法の考え方を教育現場に持ち込み、情緒の安定、母子関係の改善をめざしたもののはずでした。しかし、わが国最初の通級制情緒障害学級である堀之内小学校での実践は、教育以外の立場でASDとかかわる人たちとは、異なる視点で行われました。実際に堀之内小学校での指導を担当した鈴木茂氏は、その教育実践の経験と成果から、当時通級していたASD児には知的な発達の遅れがあること、意図的な指導によって変容が期待できるものであることに気づきました。

その1年の実践の成果として、**資料4**のような報告をしています[文献4]。実践者ゆえの視点から、従来の、高い潜在能力を有するが母子関係の障害で情緒的に傷ついた子どもであり、情緒の安定により「普通の子」になるという主張に、疑問を呈しています。主訴の改善だけをターゲットにする治療者と、子どもの成長全体に責任をもつ教師の、立場の違いが如実に表れています。

教育は、子どものありのままの姿をもとに、その子の成長発達を促す営みであって、一部の困難や症状を改善したり治したりするだけではおさまらないものです。初代担任の鈴木は、初めからこのことを知っており、子どもたちの生活場面を基盤に、個々の子どもの特性に応じたかかわりを模索しました。

積極的指導の広がり──1976年〜1985年

黎明期における手探りの教育の積み重ねから、現場では確たる方向性が見え始めてきました。そして、東京都の希望者全員就学制度開始、担任たちの日々の研鑽などに応える形で、国の制度としても養護学校の義務化がなされます。

〈年表〉
1974年 ●東京都で希望者全員就学開始
1978年 ●文部省通達「教育上特別な取扱いを要する児童・生徒の教育措置について」が出される
1979年 ●養護学校義務化

1）情緒障害教育の基礎の確立

■東京都で障害児教育が盛んに──希望者全員就学

堀之内学級の成果は、その後の情緒障害教育へ、大きな影響を与えました。

東京都教育委員会は、1974（昭和49）年に障害児の希望者全員就学の制度を施行し、障害の種類や程度によらず、義務教育を希望する子どもたちが学校教育を受けられるようになりました。

こののち、東京都では、「特殊教育」「特殊学級」等の呼称を「心身障害教育」「心身障害学級」と改めました。これにともない、都立の盲・聾・養護学校および公立の心身障害学級が大幅に増設されたり、知的障害学級の新設が盛んに行われたりしました。

情緒障害教育に関しては、通級制をとる心身障害学級である情緒障害学級の新設が多かったものの、区市の実情からいくつかの地区では固定制の情緒障害学級も新設されました。このことによって、ASD児を中心に、今日でいう「発達障害」範疇の子どもたちが、専門的な指導を受けられるようになりました。

■国の制度が後追いする形で養護学校義務化

文部省（当時）においては、1978（昭和53）年8月に、「特殊教育に関する研究調査会」の「軽度心身障害児に対する学校教育の在り方」（報告）が出され、これを受け、10月に「教育上特別な取扱いを要する児童・生徒の教育措置について」（通達文初特大309号）が出されましたが、その「8　情緒障害者について」の中で、「（略）その他の情緒障害者は、その者のための特殊学級において教育するか又は通常の学級において留意して指導すること」とされ、知的な遅れや病弱などを伴わない情緒障害児は、通常の学級の中で配慮して指導することが明記されました。

養護学校の義務制については、1973（昭和48）年11月20日付で、文部省事務次官通達が出されています（文初特第464号「学校教育法中養護学校における就学義務及び養護学校の設置義務に関する部分の施行期日を定める政令の制定について」）。いわゆる「予告政令」といわれているものです。

しかし、この政令による定めが実際に施行されたのは、1979（昭和54）年4月です。前述の309号通達の中で、就学指導体制の整備にふれており、文部省は、「適正就学資料」を各都道府県に配付して周知を図りました。「予告政令」から6年経って、ようやく

すべての障害児が学校教育を受けることが可能となったのです。これにともない、「学習指導要領」も改訂されました。

なお、「養護学校義務制」とは、行政が学校を設置する義務と、保護者が子どもに学校教育を受けさせる義務の、双方の義務を意味しています。

■対象児の増加に対応して…

この結果、先に希望者全員就学を実施している東京都と同様の現象が、全国的に起こりました。すなわち、精神薄弱児を教育する養護学校（以下、精神薄弱養護学校）に、従来よりも障害の程度が重い子どもたちが就学す

● Column

視覚優位は本当か？

視覚刺激がわかりやすいのは確か

ASDの人には、視覚刺激はわかりやすいといわれます。ただし、それは、生活習慣や一連の手順など、単純で範囲が決まったもの、繰り返し行うもの、社会的関連の薄いものについていえることです。

たとえば、作業手順を視覚化して示す、変化をグラフで示す、文章題の意味を図を用いて考えるなどは、通常の学級の授業の中でもしばしば取り上げられる有効な方法です。映像を用いて、さまざまな現象を理解させることも有効です。

グランディンはその著書の中で、考える際には頭の中で情景が走馬灯のように次々と浮かんでいくと述べています。ビジュアルシンキングを表現しているものと考えられます。きわめて知能の高いグランディンでさえこう語っていることからしても、ASDの人は視覚優位であるというのは、確かなことでしょう。

しかし、この際、視覚だけで考えているとは思えません。視覚的

なイメージをつなげたりまとめたりする際に、言語能力の高い人たちは言語を用いています。頭の中で、視覚記憶と同時に言葉を使って、考えを深めているのです

的確にとらえられないことも

一方、コミュニケーション場面では、視覚情報の適切な処理が最も求められるにもかかわらず、多くのASDの人は、相手の表情や身振り、まなざしなど非言語的メッセージの読み取りに失敗し、字義どおりに受け止めたり意図を読み取れなかったりします。

状況を把握するためにも、視覚刺激は重要です。人は、周囲の状況をとらえる際に、7割程度の情報を視覚から取り入れているといわれます。目から入ってくるものは、全体を瞬間的にとらえることができ、変化する状況にもすばやく対応しています。とはいうものの、視覚優位のはずのASDの人たちは、ここでも、情報を的確にとらえられないことが少なくありません。多くのASDの人は物理的な情報や変化は非常にすばやくとらえ、記憶することができますが、変化が多く前後の流れや人々

の反応によって意味が変わってしまう社会的状況を読み取ることが苦手です。

一定の視覚補助にとどまる支援には限界がある

コミュニケーションや状況判断という社会的関係で成り立つ複雑な視覚処理は、見て覚えるだけでは処理できないため、その機械的記憶力を発揮することができなくなってしまいます。コミュニケーションのために、絵カードや写真などを用いることは、言語発達レベルが非常に未熟な子どもに対しては効果的ですが、限界があることに留意する必要があります。

生活習慣や基本的行動様式など、しつけに関することの指導の際には、一定のパターンを視覚的に示して定着を図る方法は有効です。ただし、視覚刺激の利用は、初期の段階にとどめ、課題が定着してきた段階で、すみやかにフェードアウトしていく必要があります。パターン行動には、発展性がありません。一定の視覚補助がないとできない、1つの方法しか使えない、といったことを避けなければなりません。

るようになり、それまでは精神薄弱養護学校に在籍していた中度の知的障害児が特殊学級に就学し、軽度から境界線レベルの遅れのある子どもやASD児が普通学級（通常の学級）に入学するようになっていったのです。

これらの子どもたちに専門的な指導を行う目的で、都道府県に情緒障害学級が設置されるようになりました。ただし、財政上の理由や地理的条件により、「親子学級方式」をとりながらも、制度上は在籍児がいる情緒障害学級、学級での生活や学習が中心の固定制をとる情緒障害学級を開設する自治体もありました。

この時期は、おもに東京都の情緒障害学級担任が中心となって、全国情緒障害教育研究会（全情研）、東京都公立学校情緒障害教育研究会（都情研）などで、情報交換を行い、さらに研鑽（けんさん）を深めていきました。まさに、情緒障害教育の基礎ができた時期といえます。

2) 脳機能障害への対応の試行

■障害の本質的理解が深まる

情緒障害教育が始まってから、10数年の間に、ASDは、何らかの脳機能障害であるという認識が、医学・心理学的な研究や子どもたちの実態から、支持されるようになりました。脳機能の測定技術も大幅に進歩し、もはや、母子関係の障害であるという主張はほとんどなくなりました。

言語・認知の障害といわれ、総体的な知的発達のレベルは重度から標準以上まで多様であること、知的障害とは社会的認知の困難さで区別されることなど、障害の本質にかかわる理解が深まったのです。

■生活場面全体の視点からの指導を展開

情緒障害学級に通級、または在籍する子どもの障害の程度は多様でしたが、全国的に情緒障害学級においては、機能障害を改善させ

るための、意図的・計画的な指導内容の選択と配列による指導が展開されました。

ASDの障害特性に特化した療育の方法としてはTEACCHが有効であり、精神薄弱養護学校・学級や情緒障害学級でも取り入れられていました。しかし、情緒障害教育にかかわる担任たちは、機械的な記憶に優れ、パターンでは習得しやすいが他の場面や状況には広がりにくい「汎化のしにくさ」、視覚優位ではあるが、「非言語的メッセージや状況把握のために必要な視覚情報を適切に認知できないこと」など、視覚化・構造化の限界に気づきました。

習得したことを将来にわたって生活の中で生かせる力を身につけさせることをめざして、生活場面全体の視点からの指導が展開されました。この時期の都情研や全情研の報告書・会報には、初期の担任たちが実践を通して得た、貴重な知見がまとめられています。（資料5、資料6）

■実践を通して得られた知見の意義

この時代にすでに、言語の困難については、語彙を拡大させるだけにとどまらず、社会的な状況認知や感覚・運動など、今日に通じる視点での対応の大切さを述べています。子どもの実態は多様で、言語指導にあたっては、資料5に示す観点で障害の程度を把握する必要性を述べています[文献5]。研究者や臨床家が述べている「情緒が安定すれば言葉が出てくる」という主張と真っ向から対立する、教育的視点での実態把握の観点です。実際の子どもたちとの格闘の中で得られた知見のすばらしさは、今なお、新鮮な、学ぶべきことを多く含んだ提案であるといえるでしょう。

指導内容についても、先人たちは、レベルの高い研究を行い、提案をしています。（資料6）[文献6]。なお、ここでいう「教育内容」とは、今日は「指導内容」に相当するもので

資料5　都情研研究集録で示された ASD 児の言語指導の考え方

言語指導の手がかりを見つけ出すための障害の程度の把握

①言語：言葉の理解度、言葉の使用上の問題

②認知：事物および事物間の認知、対人関係の認知、状況把握の程度

③作業・運動・遊び：指示内容の理解、言語表現の程度、運動能力や感覚機能の発達の程度

④基本的生活習慣：日常生活でのつまずき

> 子どもの実態は多様で、言語指導にあたっては、これらの観点で障害の程度の全体像を把握する必要性を述べている。情緒が安定すれば言葉が出てくるという主張と真っ向から対立する教育的視点での実態把握である。

東京都公立学校情緒障害教育研究会「都情研担任会研究集録　昭和 50 年度」(1976 年 2 月) より

資料6　都情研研究集録で示された ASD 児の指導内容

自閉症児に対する教育内容●・・・・・・・・・・・・・　今日でいう「指導内容」

①対人関係

- 教師とのラポートがとれる　● 小集団に参加できる
- 特定の児童とのかかわりあいをもてるようにする

②運動

- 運動機能の発達を図る　● 運動を通して情緒的な安定を図る
- 体を動かすことにより知的発達を促し、また生活のリズムをつくる

③知的発達（認知）

- 認知能力を高める　● 指示に注目し、正しく理解して行動する態度を養う　● はさみやものさしなど、基礎的な技能を身につける

④言語

- 相手の言葉を理解する　● 言葉を増やす　● 要求を言葉で表す　● 会話を成立させる

⑤基本的生活の習慣

- 学習態勢づくり　● 身辺の自立を図る　● 日常生活の経験を豊かにする

⑥情緒

- 情緒の安定を図る、情緒の開放を図る、情緒の発達を促進する

> 対象となる児童の障害の程度が重く、下位項目は今日とは異なっていたり、他の項目に入っていたりするが、基本的な柱は大きく変わっていない。研究者や教育委員会等から降ろされたものではなく、実践を通して担任たちの至った結論である。

東京都公立学校情緒障害教育研究会「都情研担任会研究集録　昭和 51 年度」(1977 年 2 月) より

す。対象となる児童の障害の程度が重く、下位項目は今日とは異なっていたり、他の項目に入っていたりしていますが、基本的な柱は大きく変わっていません。研究者や教育委員会等から降ろされたものではなく、実践を通して担任たちの至った結論であることの意義は大きいでしょう。

■障害の本質に迫る実践が続けられた

　このような視点で、各学校で行った実践例では、部分的に切り取った言葉や文字などの指導ではなく、今日同様、情緒障害学級における指導全体を通して、障害の本質に迫っていたことがわかります。知的障害教育で一般的な「生活単元学習」を、情緒障害学級で取り上げた実践例（→ p.112 実践例⑦）や、感覚・運動の指導としてサーキットトレーニングの形態をとった例（→ p.98 実践例⑤）などが紹介されています。

歩み 3 発達障害概念の拡大──1986年〜2006年

ASD児をおもな対象としてきた情緒障害教育。ところが、LD（学習障害）と診断されての入級・入室が増え、LDを対象とする研究も盛んになってきます。

〈年表〉

1991年 ● 国立特殊教育総合研究所「教科学習に特異な困難を示す児童・生徒の類型化と指導法の研究」を実施（1994年まで）

1993年 ● 通級による指導の法制化、文部省が指導の手引きを発行

1993年 ● 都立教育研究所相談部心身障害教育研究室「通常の学級に在籍する教科学習に特異な困難を示す児童・生徒の実態と指導の現状に関する研究」を実施

1999年 ● 文部省学習障害及びこれに類似する学習上の困難を有する児童生徒の指導方法に関する調査研究協力者会議がLDの教育概念を提案

1）対象の拡大と混乱

■円熟期を迎えるべき時期に

この20年間は、情緒障害教育の円熟期となるはずでした。しかしながら、発達障害概念の拡大により、障害児教育の対象が広がり、いくらかの混乱が生じる時代となりました。

■LDの登場がもたらしたもの

一面では、通級による指導の法制化により、情緒障害教育だけでなく、弱視、難聴、言語障害等の通級指導教室が法制化され、各地で広がっていったという、発展もあったといえます。

しかし、新たな概念であるLD（Learning Disabilities；学習障害）の登場により、対象となる児童の枠組みが、きわめてあいまいになってしまった時期でもあります。そのため、少なからず、情緒障害教育も影響を受けたといえます。

2）通級による指導の法制化とその功罪

■全国展開の恩恵に浴する子どもがいる一方で

1993（平成5）年1月、「学校教育法施行規則」の改正により「通級による指導」が法制化され（施行は4月1日）、文部省（当時）が指導の手引きを発行しました。このことによって、全国的に情緒障害通級指導教室の設置が可能となりました。

担当者の持ち時間や対象児が明確化されたことにより、それまでは情緒障害学級のみで指導を受ける固定制の学級しかなかった地区では、より軽度の子どもたちが情緒障害通級指導教室で指導を受けることができるようになったのです。

■東京都についていえば後退か…

しかし、東京都においては、すでに通級制の心身障害学級としての実績があり、この制度では大きな後退となったといわざるを得ま

せんでした。「情緒障害学級」が「情緒障害通級指導学級（今日は情緒障害等通級指導学級）」と名称を変更しましたが、心身障害学級の一形態の位置づけを継続することにはなりました。結果的に、指導日数・時数が削減されたり、指導内容に大きな制限が加わったりすることになってしまいました。

■担任の専門性のばらつき、教育の質の低下など

　ただし、通常の学級の学習内容がおおむね習得可能な者という条件がはっきり示されたことにより、明らかな知的な遅れのある子どもたちの入級は減少していきました。その一方で、通級児童数の増加にともない新設の学級が増え、担任の専門性に大きなばらつきが出て、地区によっては教育の質の低下を招いてしまったことも否めません。

3) 情緒障害通級指導学級の増加とともに

■ LD と診断されての入室が増加

　1990 年代は、学校教育の中で LD 概念が広がるにつれて、情緒障害教育の対象者があいまいなまま拡大していきました。山口薫氏が中心となった文部省の「学習障害及びこれに類似する学習上の困難を有する児童生徒の指導方法に関する調査研究協力者会議」により、1999（平成 11）年 7 月、LD の教育概念が提案されました。研究者を中心に「心理・教育的診断」が盛んに行われ、情緒障害学級には、状態像は対人関係の課題や落ち着きのなさ、情緒不安定など、従来と変わらないものの、「学習障害」と「診断」された児童の入級・入室が増えてきました。

■研究も盛んに

　国立特殊教育総合研究所（現在の国立特別支援教育総合研究所）では、「教科学習に特異な困難を示す児童・生徒の類型化と指導法の研究」という表現で、LD 症状を有する児童に関する研究を行いました（1991〈平成 3〉〜 1994〈平成 6〉年）。いち早く学習障害に関する啓発資料を作成し、県内の小学校に配付したところもありました。都立教育研究所相談部心身障害教育研究室では「通常の学級に在籍する教科学習に特異な困難を示す児童・生徒の実態と指導の現状に関する研究」（1993〈平成 5〉年度）を行いました。

■多くの子の障害の本質は社会的認知や行動調整にかかわる

　従来から情緒障害教育を受けていた多くの児童は、LD 症状を併せ有していましたが、障害の本質は社会的認知や行動調整にかかわる発達的な偏りです。一貫して、情緒障害教育対象児は、通常の学級内での対人的な困難や落ち着きのなさ、コミュニケーションの困難などを主訴としていました。

　教育現場では、学習障害を否定はしません

が、子どもの実態から、研究者やLDを専門とする療育者たちのような「LD対応」だけに終わらせることはなく、従来どおりの情緒障害学級の指導を継続していきました。すなわち、言語、認知、感覚・運動などの指導を通して、言語・コミュニケーションや社会的認知の課題を取り上げていたのです。

この時期、都情研研究集録や都情研担任会報告書に、LD概念に特化した指導例はほとんど見当たりません。教師たちの、子どもたちの将来を見通した、全体的な発達の促進と不適応状態の改善をめざす姿勢に変わりはなかったということでしょう。

■見えてきた問題点

一方、LD症状を主訴とされた子どもの大半は知的な発達がゆっくりしており、授業内容の習得が困難な子どもたちでした。また、環境的要因が背景にありASDやADHD類似の状態を示す児童も、「発達障害」とみな

され、通級指導を希望する対象者が増えました。十分な入級・入室相談もなく、これらの子どもたちが次々と入級・入室した結果、情緒障害通級指導学級や通級指導教室、およびそこに通う児童は急激に増えていってしまいました。当然のことながら、担当する教師も急激に増加していきましたが、多くがこれらの子どもについての基本的知見をもたない者でした。

教員の資質向上が急がれましたが、知的発達に大きな遅れのないASD児やADHD児の教育を専門とする研究者はきわめて少なく、大学における教員養成や現職教員の研修を、専門的に指導できる大学教員、教育委員会関係者もほとんどいない時代でした。LDを専門とする教育心理学、学校心理学等の研究者が中心になって、学生や現職教員の指導、助言を行っていた時代でした。

特別支援教育へ——2007年〜

「学校教育法」に「特別支援教育」が明記され、特別支援学校の創設、特別支援教育コーディネーターの配置などが具体化されていきます。そうした制度の動きの一方で、東京都の情緒障害教育は……。

〈年表〉
2006年● 「学校教育法」一部改正、特別支援学校創設（施行は翌年）
2007年● 文部科学省「特殊教育」を「特別支援教育」へと名称変更、特別支援教育コーディネーター、校内委員会等のしくみを導入
2010年● 東京都教育委員会「東京都特別支援教育推進第三次計画」策定
2016年● 東京都教育委員会「東京都発達障害教育推進計画」発表

1)「特殊教育」から「特別支援教育」へ

■「学校教育法」の改正により

　2006（平成18）年に「学校教育法」が一部改正され、特別支援学校の創設、小中学校等における特別支援教育の推進等の規定が明記されました。施行は翌年の4月1日です。これにともない、各種の改変が行われました。

　文部科学省は、障害がある子どもたちの教育を「特殊教育」とよんでいましたが、2007（平成19）年に、「特別支援教育」と名称を改めました。名称の変更だけではなく、内容のうえでも大きな変更、改善がなされました。

　2003（平成15）年3月に、「特別支援教育の在り方に関する調査研究協力者会議」から「今後の特別支援教育の在り方について（最終報告）」が文部科学省に提出され、「特殊教育」の果たしてきた役割を総括し、「特別支援教育」への移行を提示しています（資料8）。

■特別な教育的ニーズを有する子どもが対象

　これを受けて、2004（平成16）年1月に文部科学省初等中等教育局特別支援教育課から、「小・中学校におけるLD（学習障害）、ADHD（注意欠陥／多動性障害）、高機能自閉症等の児童生徒への教育的支援体制の整備のためのガイドライン（試案）」が公表されました。これによって、今日の特別支援教育体制の基礎ができあがったといえるでしょう。

　特殊教育の対象者は、明らかな障害がある子どもたちでしたが、特別支援教育においては、すべての「特別な教育的ニーズ（Special Educational Needs；SEN）を有する子ども」が対象です。これらの子どもたちに、適切な教育的対応を行うという、高い理想を掲げてのスタートでした。

■新たなシステム構築へ

　小・中・高等学校に、特別支援教育コーディネーター（SENCO）を置き、何らかのつ

　障害の程度等に応じ特別の場で指導を行う「特殊教育」から障害のある児童生徒一人一人の教育的ニーズに応じて適切な教育的支援を行う「特別支援教育」への転換を図る

(1)　特別支援教育の在り方の基本的考え方

特別支援教育

　特別支援教育とは、従来の特殊教育の対象の障害だけでなく、LD、ADHD、高機能自閉症を含めて障害のある児童生徒の自立や社会参加に向けて、その一人一人の教育的ニーズを把握して、その持てる力を高め、生活や学習上の困難を改善又は克服するために、適切な教育や指導を通じて必要な支援を行うものである。

①「個別の教育支援計画」（多様なニーズに適切に対応する仕組み）

　（略）

②特別支援教育コーディネーター（教育的支援を行う人・機関を連絡調整するキーパーソン）

　（略）

③広域特別支援教育連携協議会等（質の高い教育支援を支えるネットワーク）

　（略）

(2)　特別支援教育を推進する上での学校の在り方

①盲・聾・養護学校から特別支援学校へ

　（略）

②小・中学校における特殊学級から学校としての全体的・総合的な対応へ

　（略）

特別支援教育の在り方に関する調査研究協力者会議「今後の特別支援教育の在り方について（最終報告）」（2003 年 3 月）より

　まずきや困難がある子どもたちを見つけたら、「校内委員会」を招集して、その子どもへの対応を検討することが、ガイドラインに明記されています。通常の学級に在籍している SEN を有する子どもは、発達障害児だけではありません。このシステムにより、不登校や不適切な家庭環境におかれた子ども、日本語が十分に習得できていない外国籍の子どもや帰国児童・生徒などにも、従来以上に教師の目が注がれ、何らかの対応を検討するようになっていきました。

　しかし、現実には、SENCO という新しい校務分掌を位置づけるゆとりは、学校現場にはなく、なかには、教頭や比較的重要な校務分掌を負っていない若い教師に、この役を与えた学校もあり、十分に機能している学校とそうでない学校の差が出てしまいました。

■「発達障害」の再認知と実態の多様性と

　とはいうものの、文部科学省や都道府県教育委員会が主催する発達障害や特別支援教育にかかわる研修会が数多く実施され、教師たちの発達障害児への関心は高まったといえます。それまでは、保護者の問題、本人のなまけ、しつけの悪さなどとみられてつらい思いをしていた発達障害の子どもたちや保護者にとって、一条の光となったことは事実です。

　特別支援教育の具現化は、各都道府県に任されていたため、自治体によって、実態はさ

まざまです。形だけでもすばやく着手した自治体がある一方で、従来の特殊教育システムと大きく変わらないまま推移してきている自治体もあります。自治体の経済力、地理的条件、生活環境など、個々の事情があり、統一しにくい側面があるためと考えられます。

2) 新たな理念も取り入れつつ

■ユニバーサルデザインとインクルーシブ教育

　特別支援教育は、何らかの課題や困難のある子どもへの、専門的な手立てを講じることがその理念の柱だといえます。これに対して、ユニバーサルデザインとインクルーシブ教育は、通常の学級や一般社会での、発達やそのほかの課題がある児童・生徒に対する分け隔てのない受け入れと教育の実現をめざしたものです。

　社会全体が、障害のあるなしにかかわらず、適切な配慮をして共存するという理念が背景となっています。学校教育においても、通常の学級の中でのさまざまな工夫がなされ、障害がある子どもたちへの理解が深まってきているといえるでしょう。

■成果は今後の充実次第

　まだ実績が浅いため、真に有効なユニバーサルデザインやインクルーシブ教育の成果は、検証しつくされてはいません。今後の充実を待つ状況でしょう。

3) 懸念される動き

■東京都が方向転換

　情緒障害教育に関しては、かつては東京都が全国的に大きな影響を与え、先進的な実践を行っているという評価を得ていました。しかし、ここにきて、東京都教育委員会（都教委）は大きな制度変更を断行、今後は、従来のように、東京都が情緒障害教育を先導することはなくなってしまう可能性が出てきました。

　都教委は、2010（平成22）年11月に「東京都特別支援教育推進第三次計画」を策定したのち2014（平成26）年3月に、「特別支援教育資料　東京都特別支援教育推進計画第三次計画に基づく特別支援学級の教育内容・方法の充実事業報告——小・中学校の特別支援教育の推進のために」という報告書をまとめました。さらに2015（平成27）年3月に「特別支援教室の導入ガイドライン——小学校の〈情緒障害等通級指導学級〉が〈特別支援教室〉に変わります」を作成、2016（平成28）年2月に「東京都発達障害教育推進計画」を発表して、各区市教委と設置校に配付しました。

■通級指導から巡回指導へ

　この「東京都発達障害教育推進計画」の中で、従来の情緒障害等通級指導学級を廃止し、すべての小・中学校に特別支援教室を設置する方針を発表しました。2016（平成28）年度に導入を開始、2018（平成30）年度までの完全実施をめざしており、現在は小学校について進められています（資料9）[文献7]。これは「子どもが動く」から「教師が動く」へ、大きな転換といえます。

　巡回指導の対象となる子どもが在籍する学校に、巡回指導の拠点校（多くは、元情緒障害等通級指導学級設置校だが、新たに拠点校となった学校もある）から、巡回指導担当教員が出向いて、週1回1単位時間（45分）の指導を行うというものです。原則として個別で、「自立活動」と「教科の補充指導」を行うことになっています。対象児は、特別支援を受けることによっておおむね通常の学級の学習の習得が可能な者とされています。

■教科の補充指導に重点？

　しかし、ここで「教科の補充指導」として例示された指導内容は、単にやさしく教える

(1)　小学校における特別支援教室の設置促進

　平成 28 年度以降、準備の整った区市町村から小学校に特別支援教室を順次導入し、全ての小学校での設置を実現します。そのため、都教育委員会は、特別支援教室専門員[*1]の配置及び臨床発達心理士等[*2]の巡回を実施し、各校の特別支援教室の円滑な運営と指導・支援の充実を促進します。あわせて、特別支援 教室を設置する学校における物品購入及び簡易工事費相当の経費補助を行い、区市町村を支援します。

　また、平成 28 年度から配置していく特別支援教室専門員を効果的に活用する ため、特別支援教室専門員に対して採用時に講習会を実施します。

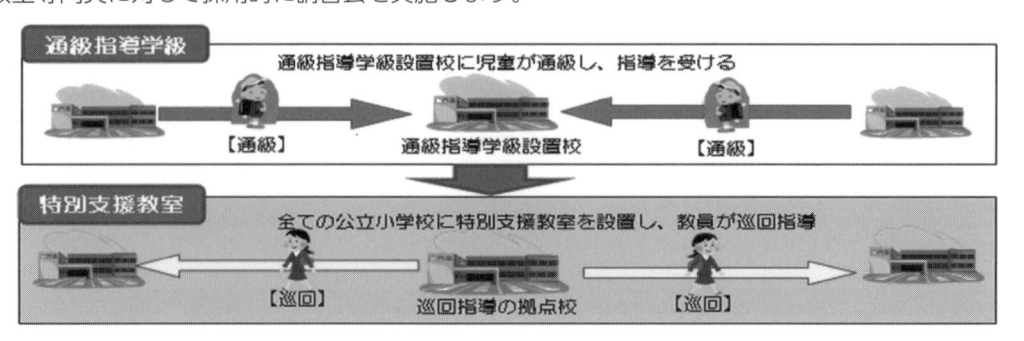

* 1　巡回指導教員や臨床発達心理士等の巡回日の連絡・調整、児童の行動観察や指導の記録の作成など、巡回指導教員等と連携して特別支援教室の円滑な運営に必要な業務を行う。
* 2　児童・生徒が抱える学習面・行動面での困難について的確に把握し、巡回指導教員や在籍学級担任に専門的立場から助言する。本事業における臨床発達心理士等は、臨床発達心理士、特別支援教育士及び学校心理士を指す。

東京都教育委員会「東京都発達障害教育推進計画」(2016 年) p.18 より

例でしかなく、個別場面での部分的な学力の向上はみられるでしょうが、本質的な解決にはなりにくいといえるものです。

　まだ検証中であり、結論を述べる時期ではありませんが、社会的認知やコミュニケーション、集団場面での行動調整力に課題のある子どもたちに、個別の「教科の補充指導」が有効であるのか否かについては、大きな疑問を抱かざるを得ません。

■「教師が動く」システムの是非は？
──都教委がいうメリット

　また、推進計画に示された「子どもが動く」から「教師が動く」への転換についてはどのように考えるべきでしょうか。

　都教委は、このシステムによって以下のようなメリットがあると説明しています。

①送迎ができない子どもも、特別な支援が受けられる

②移動にかかる時間がなくなり、子どもたちの負担が軽減される

③校内であるため、巡回担当教員は、在籍学級担任との連携がとりやすくなり、かつ、対象児の在籍学級での様子をみて、指導上のアドバイスがしやすくなる

④対象として挙がっていない、特別な支援を必要とする可能性のある子どもの早期発見にもつながりやすい

　①は、納得できる内容といえます。

　東京都は、弱視、難聴、言語障害、情緒障害等の通級指導学級を設置しています。通級指導学級への通級は、保護者の送迎を前提としています。そのため、家庭の事情で、通級

指導を希望していても受けられない子どもがいました。この子どもたちにとっては、自分の学校に先生が来てくれて、指導を受けられるということは、大いに歓迎されることです。

■「教師が動く」システムの是非は？
——導入した区市からの指摘

しかし、実際にモデル事業を行った地区や、昨年度からこの方式を取り入れてきた区市からは、システムに関して、多くの問題点が指摘されています。

①指導時間の確保が難しい

学校行事、急な時間割変更、ときには担任が忘れていたなどの事情で、指導ができなくなることがあります。担当教員は、次の指導があるため変更することはできず、結果的にその子どもは指導を受けられなくなってしまうことが、かなりの地区で報告されています。

②担任との連携がとれない

同時並行で担任は授業を行っているため、実際には担任と巡回指導担当教員が顔を合わせることはないのです。通級の場合には、放課後に連絡をとり合ったり、在籍学級訪問、在籍学級担任連絡会などを設けたりしていましたが、担当者が常に拠点校に戻るわけではないので、放課後の連絡はきわめて困難になりました。

③保護者との連携がとれない

子どもが指導室に来るだけで、保護者は同伴しません。従来行っていた、送迎時の保護者と通級担任のちょっとしたやりとりはまったくなくなりました。従来なら、送りの際には健康観察を行い、その日の子どもや保護者の心情などを把握し、当日の指導の中で配慮することができました。迎えの際には、指導の様子の簡単な報告や家庭へのお願い（宿題も含む）などで、家庭と学級の連携を図ってきました。

これに関しては、保護者側からも、大きな不安が寄せられています。

■「教師が動く」システムの是非は？
——在籍学級側の戸惑い

始まったばかりであり、在籍学級側にも戸惑いがあります。

①学校全体の都合で急な時間割変更があった場合、担当教員に的確に伝わりにくい

②校内であるために、通室をいやがる子どもがいる

③指導内容を把握しにくい、担当教員との連携がとりにくくなった

④指導時間が短く、効果に疑問が残る。一方、確実に指導を受けられるようになり、子どもが落ち着いてきたという場合もある

巡回方式が定着するまでの間は、さまざまな課題が出てくることでしょう。これらについては随時検討し、修正し、変更をすることも必要でしょう。

歩み 5 歩みの成果と課題——今後に向けて

黎明期から特別支援教育法制化以後、今日までの歩みを概観してきましたが、歩みの成果が確認できたとともに、いくらかの課題も浮かび上がってきました。今後に向けての課題をまとめておきましょう。

1) 常に新しい課題に挑戦し続けよう

■長いようで短い、めまぐるしい歴史を経て

情緒障害教育が始まって50年が経ちました。長いといえば長いのでしょうが、特別支援教育全体の中では、最も短いのです。同じ通級システムを採る、弱視、難聴、言語障害の子の教育は、東京都においては昭和30年代にスタートしています。10年程度遅れて、情緒障害教育が始まったのです。

それにもかかわらず、障害のとらえ方や指導方法は、最も目まぐるしく変化しました。教育だけではありません、医学面でも、ASDの概念は大きく変わりました。技術の進歩で、脳機能をリアルタイムでとらえることができてきたり、細胞レベルでの脳機能をとらえられるようになったり、いくつかの症状を緩和する薬も研究されてきたりと、次々と新しい仮説が提案され、仮設から事実へと認知されてきています。

■医学や神経心理学などの発見にも敏感に

今後も、新しい発見があるでしょう。教育は、医学や神経心理学などの発見に、敏感でなければいけません。新しく何かが見つかったときには、教育内容や指導方法も変わるかもしれません。過去の知見を受け継ぎながらも、新しい課題に挑戦し続けることになるでしょう。

最後に、現時点での知見をもとに、今後の情緒障害教育の課題を取り上げます。

2) 確実な実態把握が適切な支援の出発点

■対象児をどうとらえるか

「発達障害」という用語は、教育とそのほかの分野、諸外国を見比べると、微妙にニュアンスが異なっています。他業界の人と話すときや国際的な研究物を読む際には、何をさしているのかをきちんと整理することが大切

発達障害とは

　発達障害者支援法において、「発達障害」は「自閉症、アスペルガー症候群その他の広汎性発達障害、学習障害、注意欠陥多動性障害、その他これに類する脳機能障害であってその症状が通常低年齢において発現するもの」（発達障害者支援法における定義　第二条より）と定義されています。

　これらのタイプのうちどれにあたるのか、障害の種類を明確に分けて診断することは大変難しいとされています。障害ごとの特徴がそれぞれ少しずつ重なり合っている場合も多いからです。また、年齢や環境により目立つ症状がちがってくるので、診断された時期により、診断名が異なることもあります。

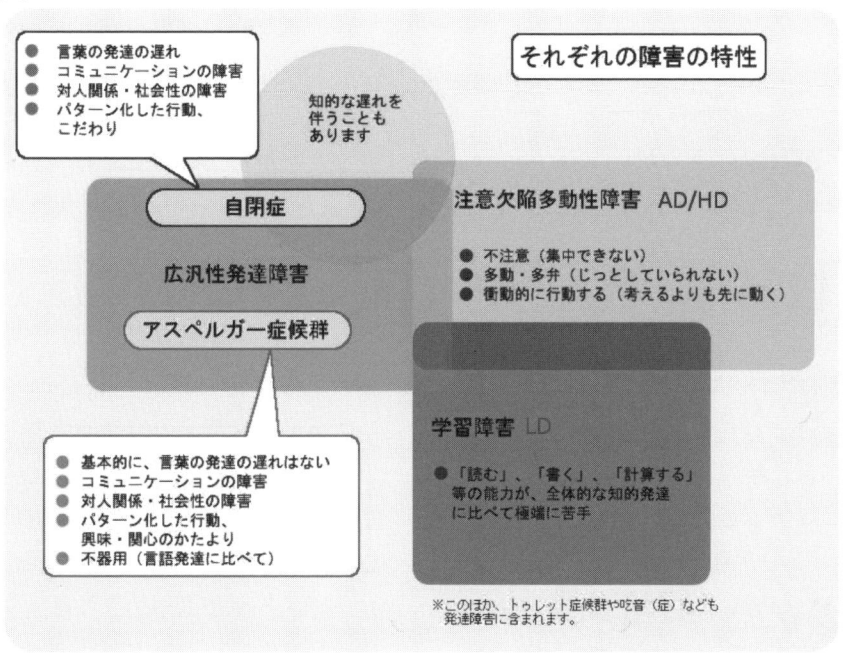

発達障害情報・支援センターホームページより

です。

　教育では、発達障害を「高機能自閉症」「ADHD」「学習障害」と定義しています。このうち「学習障害」は、教育ではLearning Disabilities ですが、医療ではLearning Disorders となり、同じように LD と略して表されますが、異なる概念です。また国際的には、発達障害は、知的障害が中心と考える立場が多くを占めています。

　「高機能自閉症」というのは医学用語ではなく、教育で使っている用語です。「高機能」とは、知的能力が高いという意味ではな

く、IQ70 以上で、知的障害ではないことを意味しており、境界線知能から正常知能まで、非常に大きな幅があります。

　文部科学省の発達障害者情報・支援センターでは、資料10のように記述していますが、実際に目の前の子どもをみたときには、この記述ではきわめてあいまいです。このことが、対象児の拡大へとつながっているといえるでしょう。現在の状態像だけをみても、本質的な問題はみえにくいものです。

■実態把握のポイントを明確に

　実態把握の観点は、都道府県教育委員会が

提案しているでしょう。東京都においては、東京都教育委員会（都教委）の提案をもとにして、いくつかの自治体で独自に実態把握票を提示したり、個別支援シートなどに項目を挙げたりしていますが、まだ研究途上で十分とはいえません。

情緒障害教育の対象児を的確に把握するための、転出入や措置変更などがあっても使えるチェックリストや行動観察のポイントなどを、明確にする必要があります。

あるべき具体的な姿については、第2部で取り上げます（→ p.47）。

■障害特性への対応を見直す

障害特性と必要な指導のあり方について、もう一度しっかりと考え直す必要があります。重要なことは、ASDだから、ADHDだからという前提で、既成の概念にあてはめるのではなく、まずは、同年齢の子どもたちの標準と比較してみることでしょう。違いを強調すると、問題の本質がみえてきません。一人の人としてのありのままの姿をとらえることが重要です。

このことは、別の見方をすると、特別な支援の必要度を見直すことになります。前提条件でみると特別な指導が必要と思われる子どもの相当数が、通常の学級の中での教科指導の工夫、生活指導（生徒指導）、学級経営の工夫で、改善が期待できるとわかってくるはずです。

■ SEN のある子どもへの対応は？

特別支援教育がめざす理念に照らせば、特別な教育的ニーズ（Special Educational Needs；SEN）のある子どもを、取り出して指導することよりも、通常の学級内での指導の工夫が重視されるべきでしょう。本当に吟味されたユニバーサルデザインを追求する学校では、通常の学級でできることと特別な支援の場でできることをしっかりと検討し、対

象児の指導の充実を図っています。通常の学級の中で指導が可能な子どもまで、巡回指導の対象としたり、他の特別支援教育システムの利用を勧めたりすることによって、ときには、その子どもへの「発達障害」のレッテル貼りをしてしまうこともあります。

■観点が不適切で正しく把握できない例

自治体が例として挙げている実態把握の観点では、発達障害の子どもの学力評価については、きわめて深刻な誤解があるようです。LDの定義をもとに評価している例が多いようですが、LD概念は教科とは別のものであることを理解する必要があります。

「読むこと、書くこと」「話すこと、聞くこと」は、国語の学力ではありません。「学習指導要領」に示された内容が、国語科の内容であることを、指導者はしっかりと認識する必要があります。

さらに「計算する、推論する」も、算数の一部ではありますが、算数科の内容のすべてではありません。また、「推論する」ことの評価として、文章題の理解を挙げている例が少なくありませんが、これは大きな誤りです。算数・数学的な考え方の基礎を養うことが求められますが、これを算数の学力と直結させることはできません。推論とは、日常のさまざまな情報処理の中で発揮される力です。

■公平で先入観のない実態把握を

大切なことは、何らかの前提条件で子どもをみないことです。実態把握の観点がLD定義に偏っていたり、ASDやADHDの診断基準に偏っていたりしては、ありのままの子どもの姿をとらえることができません。各学校、巡回指導拠点校の担当教員、教育委員会、臨床心理士や言語聴覚士など、多くの異なる視点から、一人の子どもをみていくことが重要です。

特に、発達障害の子どもの不適応は、個別

資料11 東京都教育委員会がとらえるSST

ソーシャルスキルトレーニング

「相手を理解する」、「自分の思いや考えを適切に伝える」、「人間関係を円滑にする」、「問題を解決する」、「集団行動に参加する」などの社会生活上の基本的な技能を習得するため、ロールプレイングなどの実際の場面を想定した練習を通して身に付ける指導や、ストレスマネジメントと呼ばれるストレスへのよりよい対応の仕方を学ぶ指導を行います。

東京都教育委員会「東京都発達障害教育推進計画」(2016年) p.25「Topics」より

場面ではみえにくいものです。日常の学校生活の中での行動観察や、全教科への取り組みの態度や習得状況などを、丁寧にとらえることで、現在の子どものつまずきがみえてくるでしょう。

3) 指導内容・方法の再検討

■ SST 一辺倒でよいか

都教委は、2016（平成28）年に発表した「東京都発達障害教育推進計画」の中で、ソーシャルスキルトレーニング（Social Skill Trainning；SST）について資料11のように述べています[文献7]。

SST については、たくさんの本が出版されていて、都教委は、情緒障害学級においては、ソーシャルスキルの指導は十分に研究されてきているととらえています。しかし、指導の流れの中で、一部を取り上げることはあっても、実際にこのような指導を「社会性の指導」として行っている情緒障害学級はどの程度存在するのでしょうか。もしいまだにやっている学級担任がいるとしたら、発達障害教育の本質が十分に理解できていないのかもしれません。

1990年代から2000年代の初めごろ、このようなSSTは一種のはやりのように行われていました。しかし、教室での指導が在籍学級や社会生活に生かされることは少なく、結果的に、通級指導においてのみ、変容した、

あるいは、形だけ覚えたという程度で終わってしまいました。心理職が療育機関で短時間の治療を行う場合には、このようなやり方しかとれないかもしれません。しかし、子どもを育てる営みである学校教育は、部分的な成果だけで終わらせることはできません。

■障害の本質に迫る社会性の指導を追究

発達障害のある成人や、筆者が幼児期や小・中学校期からかかわり成人になった発達障害児・者たちのなかには、一人の社会人として、家庭人として生活を営んでいる人が少なくありません。一般の人たちと同じように就職試験を受けて採用され、やがて部下をもつ立場になっていたり結婚して親になったりしている人がいます。十分な社会適応を果たしているといえるこの人たちでさえ、社会的認知の障害や同一性保持に関係した課題は、存在しています。障害告知をされている人はほとんどいませんが、自分の特性をしっかりと把握しています。それゆえに、葛藤は大きく、苦しみながら自分を生かす方法を模索し続けているのです。

「ソーシャルスキルって何だろう」という、疑問がわいてきます。自己理解の深化、特性の肯定的な受け入れがなければ、社会的行動を適切に調整することは困難です。学校教育においては、それぞれの発達段階に応じたソーシャルスキルやコミュニケーションスキルの指導を行うと同時に、それらの活動を通し

て自己理解を図る指導を組み込んでいくことが大切ではないでしょうか。

■発達段階・年齢・環境条件を精査した指導へ

従来いわれていたようなSSTでは、単に対人スキルを覚えるだけです。社会的認知の障害に起因する社会的行動の困難は、発達障害の本質にかかわる部分であり、それぞれの発達段階で要求されることが異なります。発達段階や年齢、環境条件を精査した社会性の指導の研究を深めていく必要があります。それは、比較的遅れが顕著な子どもたちが多く通っていた時代、あるいはLDといわれて部分的な学習だけを行ってきた機関では考えられなかったものとなるはずです。

この子たちの特性と将来の姿に視点を当てた、本当のSSTやソーシャル・コミュニケーション・トレーニング（Social Communication Training；SCT）を、発達障害教育の中で展開していくことが求められています。

■学力向上よりも生きて働く力の醸成

発達障害のうち特にASDの一部の子どもたちのなかには、知的能力に比べて学力が明らかに高い子どもがいます。反対に、深刻な学習障害の状態にある子もいます。100点や一番にこだわり、勉強に勉強を重ねて学力だけが高いオーバーアチーバーの子どもに対しては、成績以外の価値に気づかせる必要があります。

学業不振の子どもに対しては、学力向上だけでは問題は解決しません。やさしくかみくだいて教える、スモールステップで教える、興味・関心を引く題材を利用するなどは、通常の学習指導内での配慮でしかありません。教科の内容理解を妨げている認知特性に焦点を当てた「教科の補充指導」を追究する必要があります。

読み書きや計算など、ちょっとした工夫で、

一時的に成績が上がるものに飛びつく子どももいます。理論的に整理され、一見すると非常に効率的な学習法のようにみえるかもしれません。そのような学習スタイルをまったく否定してしまうわけではありませんが、はたしてそれだけで、本物の学力が身についたといえるのでしょうか。重要なことは、それらの学習の結果身についたものが持続し、他の領域や生活場面に広がっていくか否かということです。

■ある枠組みの中で発揮できる力があっても…

相当数のASDやADHDの子どもたちは、中学年、高学年と進むうちに、まわりとの差が広がっていき、学業不振に悩むようになってしまいます。

ASDの障害特性である、パターン化しやすいこと、機械的な操作や記憶に優れていることは、一方において、柔軟な思考や課題解決方略の生成に困難があることを意味します。一定の枠組みでは情報処理がうまくできるADHDでは、情報量が多くなったり複雑になったりすると混乱してしまいます。ASDによくみられるシングルフォーカス、シングルトラックの傾向が顕著な場合には、総合的な思考や判断力をあまり必要としない、枠組みがはっきりした条件下で発揮できる力は高くても、日常生活での複雑な判断を求められる条件下では混乱してしまいます。

■個別対応だけではカバーできない部分がある

情緒障害教育では、知的障害教育で行われる「領域・教科を合わせた指導」を参考にした、総合的な活動の中で、教科学習の内容を取り上げることがあります。教科そのものを指導するのではなく、小集団指導の中で、「使える言葉」「使える数量概念」「使える社会的知識」などを身につけさせます。知的障害教育で行われている、日常生活の指導や生活単元学習と共通する部分と、障害特性に特

化した部分が統合されたものです。

今後、情緒障害教育がより個別的な対応に傾いていくとしたら、これらの指導は困難になってしまうでしょう。「使える」ものにしていくためには、同じような課題がある仲間との活動を通して、他者の言動から学びつつ、実生活に広げていくことが重要です。個別的な対応の中で、効果的な指導のあり方を検討するとともに、小集団活動を確保する努力が求められるでしょう。

4) 教員の資質の向上——担当者は現場にしっかりと根を張った勉強をしよう

■理論的研究だけでは不十分

通級指導や巡回指導の対象となる ASD や ADHD の子どもたちを指導する際に、常に頭におかなければいけないことは、通常の学級の教育はどのように行われているか、そのどこに、この子たちの困難があるのかということです。

対象児だけをみていてはわからないことです。そもそも、発達障害の子どもの多くは、個別の場面では、落ち着けるのです。その子の学びのペースに合わせて指導をすれば、不注意や多動の症状も目立たなくなります。これを、指導の成果と考えるのは大きな誤りです。在籍学級の中でも変容がみられれば、当面の指導は成果が上がったといえるでしょう。在籍学級での適応状態を、きちんと把握することが重要です。

ところが、発達障害について研究をしている人たちの多くが、学校現場を知りません。通常の学級で一人の担任教師が 30 人前後の子どもたちを指導している、その指導内容は「学習指導要領」に定められている、子どもは多様で発達障害のある子どもだけにかかりきりになることは不可能である、といった諸々の事情を、実感できる研究者はほとんど

いません。

個別的な対応場面で、理論的に研究された方法で指導を行うことによって、子どもは確かに変わりますが、それが、その子が属している集団の中でも生きるものかどうかについても、検証されて初めて成果につながるといえます。

■実践力を高めるために

今日では、教員の研修はいろいろと用意されていますが、学校現場の実態を知らない人に指導を受けても、実践には生かしにくいでしょう。専門性の高い教員の養成は、非常に難しいといえます。実際に情緒障害教育を長く経験し、子どもたちの卒業後の姿を知っている先輩たちのほうが、的確な指導・助言ができます。教師の研修は、どこかに行って「有名な先生のお話を伺う」ことよりも、身近な仲間との授業研究、事例研究のほうが効果的です。

そういう機会に、情緒障害教育の OB・OG を活用するというのはいかがでしょう。担任の悩みも保護者の不安も、実際に体験してきた人たちからのアドバイスは役に立つでしょう。

■特別支援学校における教育の充実を願う

通級指導も巡回指導もその対象は、建前上は、通常の学級の教育課程をおおむね習得できる者という前提があります。知的発達に遅れがある発達障害児は対象外ですが、実際には、大きな不適応行動が目立たないなどで、通常の学級に在籍している子どもが通級や巡回の指導を受けています。通常の学級での困難が大きくなり、知的障害特別支援学級・学校に移る子、中学校卒業後は、社会自立をめざして軽度の子ども対象の高等部へ進むケースもあります。

特別支援学校には、小・中学校の特別支援学級と比べて、実際の指導時間が短いという

実態もあります。特別支援学校への転学を決意する保護者は、通常の学級や特別支援学級で「ついていけなかった」わが子の、最後の教育の場と受け止め、大きな葛藤をいだきながらも、特別支援学校への期待をもっています。特別支援学校は、小学校に設置されている特別支援学級や通級、巡回の教室では対応が困難な、障害の状態が重く複雑な症状を呈する子どもたちが多く在籍しています。保護者が安心して子どもを通わせることができるよう、特別支援学校の教育の充実を図る必要があるでしょう。

5) 学際的な研究と情報の共有

■情報の交換と外部への発信の大切さ

学校教育の知見と、心理やリハビリテーションなど他領域の知見を、相互に情報交換しながら、研究や実践を積み重ねることが大切だと考える機会をいくつかもちました。

背景にきちんとした教育理論や指導理論をもっていたとしても、子どもへの対応の適否を実践によって裏づける傾向が強い教員たちは、理論的な解説よりも、実践報告や授業研究に重点をおいていると感じます。

教員たちは貪欲に他領域の知見を学び、盗み取ります。ASD が脳の機能障害に起因する認知・言語の障害であると気づいた情緒障害学級の担任たちは、リハビリテーション関係の資料を読みあさったり、自主的な勉強会をしたりして、日々の実践に取り入れていました。言語指導には、失語症の言語治療と聾学校の言葉の指導を参考にし、効果的な刺激受容の指導には盲学校の触察の考え方を取り入れたり、感覚・運動の指導は、OT や PT に習ったり、肢体不自由養護学校の養護・訓練担当教員に助言をもらったりしていました。

しかし、教師たちは、さまざまな工夫や効果的な実践を、学会で発表するとか、理論書を発行するとかということはほとんど眼中になく、公開授業や実践報告書を関係者に提示することがほとんどです。教育以外の人たちの目にふれることは、ほとんどなかったといえます。

もっと早期に、教員たちが他の領域の人たちと情報交流をしていれば、新しい理論といわれるもののなかには、もっと前から、実践があったということがわかり、研究はさらに深まったのではないかと思うと、もったいない気がします。

■障害が重い子どもへの認知行動療法の例

2～3 年前に、臨床心理士の研修会で、知的な遅れのある子どもたちへの認知行動療法の講義を受講しました。大学の研究者による、子どもの認知特性を的確に把握し、個々に応じた治療・教育の方法についての話で、理論的に整理され、納得のいく内容でした。しかし、そのときに感じたことは、「これって、古い情緒障害学級では、ごく普通にやっていたことだよなあ」ということです。

かつて、情緒障害学級に通級する子どもたちのなかには、音声言語行動未習得で認知レベルは推定 3 歳以前という子もいました。固定の情緒障害学級には、今日の特別支援学校に通っているような重度の遅れを伴う ASD の子どもたちが在籍していました。

紹介された教材・教具は、理論的な裏づけのある適切なものでしたが、これらとほとんど同じものが、筆者が勤務した府中第三小学校の情緒障害等通級指導学級の倉庫に、ほこりをかぶって収納されています。

おそらく、他の学級も同様でしょう。次第に、対象となる子どもが精査され、これらの教材を使う子どもたちは特別支援学校に就学するようになったからです。当時は、知的障害を対象とする養護学校小学部の教員たちも、教材づくりに意欲を燃やし、1975～85 年頃

①社会面：認知ソーシャルトレーニング、②学習面：認知機能強化トレーニング、③身体面：認知作業トレーニング、この3つのトレーニングからなる。

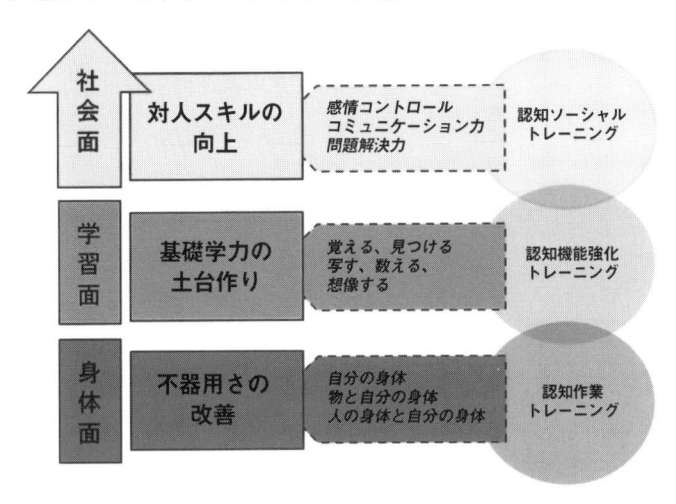

コグトレ研究会ホームページより

には、筆者らはこれらの教員たちと情報交換をしながら、作り貯めていきました。これらの一部は、都立多摩教育研究所の教材キットにも納められています（研究所自体が閉鎖されており、今日では閲覧は困難かもしれません）。

研究者たちは、障害の重い子どもの専門的な教育を行う場として、知的障害の養護学校で情報収集をしたのかもしれません。研究者たちが、理論的に整理された障害の重い子どもたちへの指導方法を提案し、特別支援教育の現場へ広めていくことによって、この教育のさらなる質的な向上に貢献することを期待します。

■コグトレの例

コグトレとは、コグニティブトレーニング（Cognitive Training）の略です。認知機能の5つの要素にはたらきかけて、行動や学習をより効果的に改善・向上させることを目的としたトレーニング方法です。5つの要素とは、①記憶、②言語理解、③注意、④知覚、⑤推論・判断です。子どもたちへのコグトレは、資料12に示すように、3つの側面から行われます。

ASDやADHD、LDの治療・教育法として、ビジョントレーニングや感覚統合など、いくつかの方法が導入されていますが、コグトレもその中のひとつです。

■矯正教育での実践

第116回小児精神神経学会の教育講演で、「コグトレとは何か？　次世代の治療トレーニング」という演題で、立命館大学教授・精神科医師宮口浩二氏の講演がありました。

宮口教授は、医療少年院での臨床経験があり、院の子どもたちへの矯正教育の中で、この理論を取り入れた実践を行っていました。医療少年院には、発達障害や知的障害の子どもたちが入院して、矯正教育を受けています。この子どもたちの特徴は、ASDやADHDと共通するものがあり、さらには、環境的要因で、「非行」という問題行動を起こしています。学校教育の現場にはこれらの予備軍とも

いえる子どもたちが相当数おり、なかには、情緒障害教育の対象として、特別支援を受けている子もいます。

資料12に示すように、コグトレは、社会面、学習面、身体面の3方向からの包括的支援プログラムです。詳細は、文献31を参照してください。

■情緒障害教育との共通点に気づく

ところで、この3領域に、何か思いあたることはありませんか。情緒障害教育で重視している認知・運動・社会性の指導と重複する部分がかなりあります。学会誌に掲載されている指導法や教材は、情緒障害教育の中で現在も行われているものと、大きな違いはありません。あえていうなら、少年院の子どもたちは年齢層が高いということでしょう。

ここでもまた、矯正教育と情緒障害教育の情報交換がなかったことが惜しまれます。それぞれが、よい実践をしていながら、おそらく、ほとんど交流はなかったでしょう。情緒障害教育では、認知障害が学業不振の要因のひとつであること、認知能力や行動調整力の向上や改善で、適応行動や学習に効果があることはわかっていて、古くから実践を重ねてきました。それにもかかわらず、少数ではありますが、中学校に進学した後、問題行動を起こす子どももいます。

小学校の年齢のうちに、将来の不適応行動、問題行動を予防するために、コグトレだけにとどまらず、医療少年院で実施しているようなプログラムを、現在の指導の中に少しだけ加えることができたら、子どもたちはもっとよい適応ができたかもしれません。

■算数の基礎は、計算ではない
——知的障害教育に学ぶ

就学前の幼児は、ピアジェ理論でいう感覚運動期にあり、日常生活や遊びの中で、五感を通して情報を集め、経験の積み重ねで概念形成を図る発達段階にあります。学齢になると具体的操作期に入り、具体物、半具体物や目の前にあるものや体験をもとにやってみる（試行錯誤や他児の模倣など）ことによって概念化が進みます。

大事なのは、幼児期の体験を通して情報を組織化する過程です。幼児は、物があることがわかり（個別化）、次には、違いに気づきます（弁別）。次の段階では、仲間集め（類別）や一つひとつを比べること（対応）でものの違いや多少の概念が育ちます。一つひとつが独立した、不連続数が、数を数えることにつながります。まとまった数の大小の違いは、量の概念につながります。これらの概念は、準数概念といわれることがあり、数量の基礎的な概念です。

個数を数えたり、比べたり、計算したりすることは反復練習を重ねることによってできるようになりますが、数えたり計算したりする操作を覚えて答えを出せるようになることと数量概念が身につくこととは違います。数の操作においては、数の移動を視覚的にイメージしたり関連する言葉と結びつけたりして考えられることが重要です。

■概念形成ができているかどうかを見極めて

発達障害の子どもは、機械的な記憶力に優れ、パターン化しやすい特性があるため、反復練習で効果が上がりやすい一方、イメージをふくらませたり言葉と結びつけて考えたりすることが苦手です。今できていることが、きちんとした概念形成のうえに成り立っているのか、機械的な記憶や操作のレベルにとどまっているのかの見極めが重要です。

知的発達に遅れがないASDやADHDであっても、発達の偏りや誤った指導によって、基礎概念が定着していないと、「推論する」力も育ちません。LD概念の「推論する」力を高めるために、算数の文章題を取り上げる

ことがありますが、これもまた、問題の解き方をパターンで覚えるだけにとどまってしまうことが少なくありません。そのために、学年が進むにつれて算数だけでなく、他の教科や日常的な判断に支障が出ることがあります。数の導入以前の発達課題をしっかりとおさえた指導は、知的障害教育の算数指導に学ぶことがたくさんあります。知的な遅れがないという前提で ASD や ADHD をみるのではなく、偏りや誤学習によって抜け落ちている部分をきちんと把握し、丁寧に埋めていく指導が必要です。

6) 理解啓発

■障害告知とカミングアウトは慎重に

一部に、障害のカミングアウトを勧める人がいます。本人への障害告知とセットになって、在籍学級の子どもたちや保護者に、ASD の理解と、対象児への温かい配慮を期待するもののようです。これについては慎重にならざるを得ない実態があります。

おそらく、通常の学級で、まわりの配慮を必要とする子どもは、本来は知的障害や情緒障害の固定の特別支援学級で教育を受けるほうが、成長が期待できる子どもでしょう。これらの将来的には福祉的な支援を受けるようになる子どもの場合には、まわりの人の理解や手助けが必要でしょう。

そうでない多くの子どもの場合は、むしろ、子どもの教育環境が、本当にその子に合っているかどうかを検討することが優先されるのではないでしょうか。

■十分な理解のない知識先行は危険

筆者らは、本人が、マスコミ報道やインターネットや書物などで知識を得て、自分も何らかの障害があるのかと疑問をもった場合は別として、あえて障害名を伝えることは避けています。重要なことは自分の特性をきちんと認識することです。ASD は、覚えることは得意ですが、想像することは苦手です。知識として教えられたことは入りますが、理解したとはいえません。この障害特性に十分な配慮がないまま、障害告知をされた場合、子どもは、「障害があるのだから」「ASD なのだから」うまくできなくても仕方がないと自分にあきらめの気持ちをいだいてしまうかもしれません。また、反対に、がむしゃらに「治そう」と努力してしまうかもしれません。

発達的に、自分を客観的にみることが難しい小学校段階では、知識の先行は避けなければなりません。年齢や知的発達の状況に見合った自己理解の指導が大切です。自分が何らかの障害があると正しく理解できない段階でのカミングアウトは、とても危険なことといえます。

■ユニバーサルデザインの追究

通常の学級におけるユニバーサルデザインでは、どの子もわかり、意欲的に学習できるように、さまざまな工夫がなされています。通級や巡回の指導を受けている子どもの在籍学級では、板書をわかりやすくするために、「番号を打ったり色磁石を置いたりする」、刺激の軽減のために「不必要な掲示物や物を置かないなど教室環境を整える」など、従来から行われていたことではありますが、対象児が在籍していない学級の担任にとっては、気づかなかったことかもしれません。

ほんのちょっとした工夫で、発達障害の子どもたちだけでなく、すべての子どもが学びやすくなります。発達障害の子どもが特別な配慮が必要だという先入観を捨てて、どの子も学びやすい環境を追究することが大切でしょう。

■学習指導に限定せず広めよう

筆者は、ユニバーサルデザインの考え方を、学習指導に限定せず、コミュニケーションや

　私は、昭和 60 年代から、心理的問題を抱えた児童思春期の子どもたちのメンタルヘルスを考える地域ネットワークづくりに力を入れてきました。安田生命社会事業団（現明治安田こころの健康財団）の支援を得て全国を巡回し、「思春期精神保健セミナー」を開催し、ネットワークを広げてきました。今後の情緒障害教育は、学校の中にとどまらず、地域精神保健ネットワークのキーステーションになり得るようになってほしいと考えています。

　現在のように対象の子どもたちが多様化した時代に情緒障害教育を行うにあたって、何を考え、どういう準備をしておくべきか、は重要な問題です。私はこれからの情緒障害学級は、地域の子どものメンタルヘルスのためのキーステーションになるような、幅広い活動を行ってもらいたいと願っています。

　ここで、各地で行ってきた精神保健セミナーで感じた地域ネットワークづくりの問題点をいくつかまとめておきたいと思います。

①その地域における関連領域の人々（学校、幼稚園、保育所、施設、児童相談所、精神保健センター、保健所などのスタッフ）の連携が非常に少ないこと

②その地域の関連機関（医療機関、教育研究所、養護学校、警察など）の状況と、そこで仕事をしている人々の業務内容を知らないこと

③医療関係者や心理臨床関係者と比べて、学校関係者は子どもの成育歴や家族力動についての情報をほとんどもっていないこと

④障害の有無にかかわらず、子どもが何らかの不適応行動を示した場合、「診断フォーミュレーション」（個別的理解）の検討が不十分で、それぞれの現場でケース検討を行っていても、具体的な対応策を見出すことがないまま終わっていること

　このような課題を検討することによって、情緒障害学級が地域のメンタルヘルスのキーステーションとなり得るような、幅広い活動をしてほしいと願っています。

「これからの情緒障害教育の役割──医学の立場から」（開級 30 周年記念紀要　杉並区の情緒障害教育 30 年の歩み記念講演会、1999 年 10 月）より

集団行動、社会的行動など、発達障害の子どもたちが苦手とする部分に取り入れたいと考えています。発達障害の子どもたちが成人になったとき、学力面での課題は大きな問題となることはあまりありません。社会生活を営むうえで重要な、対人スキルや暗黙の了解への気づきなど、数値化しにくいところで苦しみます。これらは、学級経営全体を通して、考慮すべき事項です。課外活動や業間などの、子どもたちの交流や活動の機会を通して体験させつつ、理解啓発を促す指導の工夫が求められます。

■非常時の備えはどうか…

　阪神淡路大震災の際、障害のある人たちへの支援が大きく遅れました。東日本大震災のときには、阪神淡路の経験から、十分とはいえないものの比較的早くに対応ができました。

　しかし、このときの対象となっていたのは、明らかに障害があるとわかる人たちが中心でした。通級や巡回の指導は受けているかもしれないが通常の学級で学習しているレベルの子どもたち、ふだんはごく普通に社会生活を営んでいる青年・成人の発達障害者が、非常時にパニックになってしまいやすいことを、

ほとんどの人は知らないでしょう。

■地域連携・他業種連携の試みを

　学齢期の子どもたちであれば、学校は支援の手を差し伸べることができます。しかし、診断を受けていない青年・成人、かつては支援を受けてはいるが一般社会で適応している青年・成人に対しては、支援のシステムはほとんどありません。本人や家族が福祉の窓口を訪れることはないでしょうし、医療の門をたたくには勇気がいります。

　そんなとき、自分の出身校に相談できるところがあれば、足を向けやすいのではないでしょうか。通級指導学級（教室）、巡回指導の拠点校は、教育活動を営む場であり、地域支援の中心にはなれません。しかし、福祉や医療、専門機関や労働関係者などとの連携はとりやすい立場であり、子どもたちの指導や保護者支援を考えると、連携を図ることには大きな意義があると考えます。

■地域ネットワークへ

　多くの学級、教室では、保護者会や保護者連絡会を設けているでしょう。講師を招いて話を聞く機会があるかもしれませんが、多くは教育関係者に依頼しています。ときには、福祉の専門家や発達障害を専門とする医師、遅れのない発達障害者を雇用する事業所などの話を聞く機会があってもよいと考えます。遅れがない人が利用できる福祉システムや医療へのかかり方、職業人として必要なことなどを学ぶことは、教師自身にとっても大切なことです。

　小学校の頃にそのような知識を得たり経験をしたりした子どもたちが、青年期・成人期で何らかの困難に直面したとき、あの学校に行くと、必要な情報が手に入りやすいと思い出して訪ねてきてくれれば、当時と担任は替わってしまっても対応できます。今後の展開として、学級や教室が地域ネットワークの一員として機能することを検討する時期になっていると考えます。

　それにあたっては、「1　黎明期──1965年〜1975年」でも紹介した山﨑晃資医師の講演内容が参考になります（資料13）。

第2部

今後への期待
——引き継ぎたい教育の姿

その 1
対象児の
実態把握と
支援計画

ASD 児等の教育の望ましい姿を確認しましょう。対象児の入級・入室にあたっての実態把握、それをふまえての教育計画、そして適切な指導内容・方法の選択など、これまでの取り組みや実践の中から、よりよいものを引き継ぎたいものです。

1 入級・入室相談

その後の子どもの成長・発達を左右するかもしれない入級・入室相談による初期評価。丁寧に慎重に、そして、客観的に行いたいものです。

〈モデル〉
①実態把握票→ p.52

1) 入級・入室相談はどうあるべきか

■十分な相談が必要

　各都道府県教育委員会は、就学相談、入級相談の概要を提示していますが、多くの場合、実際の運用は自治体に任されているのが実態です。なかには、児童の在籍校の管理職と通級担任の話し合いだけで決定している例もあると聞きます。

　このような地区では、情緒障害教育を受ける子どもの数が急激に増えました。知的な遅れのある子どもや環境要因で不安定になっている子どもの占める割合が大きい地区では、きちんとした審査がないため、この傾向が顕著です。

　安易な入級・入室相談によって誤った対応を受け、適切な対応をすることによって成長・発達できるはずの子どもがその時機を逸する例もあり、あってはならないことといえます。

■分析的・客観的評価を心がける

　学校が入級・入室相談を勧めたいと考える子どもは、対人的トラブルや集団逸脱行動や学業不振などが目立っていることがほとんどです。問題を大きくしてしまわないような、早期の適切な対応は必要ですが、不適応行動の背景にあるものを、きちんと把握することが重要です。

　状態像に振り回されず、冷静に行動生起の背景の見極め、子どもの達成状況や環境要因などを、幅広く検討する必要があります。問題だけに注意を向けるのではなく、子どもの全体像を把握する努力が学校と担当者に求められます。

2) 適切な実態把握のために

■実態把握の観点、標準化された検査を用いる

　実態把握のためには、ありのままの子ども

気になる子どもが見つかった！
支援を受けさせたい！

⬇ 入級・入室相談までに
学校で取り組みたいこと

まずはじめに

〈担任として行う〉
学年会で提案、検討

➡

〈学校組織として行う〉
特別支援教育コーディネーター（SENCO）
　役割：校内委員会の招集

校内委員会で：情報の共有（実態、現状）
全校で：共通理解、共通指導

次の段階

より詳細な検討が必要そうだ

➡

「専門家会議」を待たず、同時に校内で

校内での検討：客観的な実態の把握と対応
　☞ モデル①**実態把握票**を参照

⬇

- 指導方法、対応の工夫
- 校内支援体制
- 学級経営の改善
- 教科の指導法の改善

さらに多数の目で
　行動観察、テスト・作品の分析
　各教科の習得状況、友達関係、行動上の特徴、授業中
　以外の場面の様子
　指導の振り返り、学級経営、保護者・きょうだい関係

⬇ 見えてきた課題の整理

| 行動調整、落ち着き | 対人行動、状況判断 | 一部の特異的学業不振 | 全体的な遅れ | 環境因 | 心因ほか |

保護者、
教育委員会へ連絡 ⬅ 特別支援教育を検討

福祉との連携　心理治療検討

対象児の条件

- 特別な支援を受けることによって、当該学年の学習内容をおおむね習得できる。
- 保護者の了解が得られている。

相談に関与する者の例

- 教育委員会関係者、臨床心理士、発達障害教育経験のある相談員等
- 通級指導学級（教室）、巡回指導拠点校（東京都）設置校の校長、担当教員
- 発達障害専門の児童精神科、小児精神科等の医師と学識経験者

事前に欲しい情報

- 在籍校で入手しやすいもの：教科の学習内容の習得状況、行動面の特徴、友達関係
  幼児教育・保育、前学年からの申し送り事項
  塾、習い事、療育等、出席状況、等　☞モデル①**実態把握票**を参照
- 教育委員会でそろえたいもの：生育歴、発達歴、家族構成、家庭環境
  医療情報、診断、服薬の有無など、療育の実態
  発達検査、その他の検査（脳波等、医療も含めて）の結果

の姿をとらえることが最も重要です。しかし、不適応行動や教師からみた困難点に注意が向いてしまうと、表面的な問題だけしかとらえられないものです。そこで、何らかの実態把握のための観点や標準化された検査を用いることが有効です。

■観点別の実態把握票を活用する

漠然と学校生活の状況を報告する方法では、子どもの実態をとらえにくいでしょう。筆者の勤務するクリニックで、担任教師に記入を依頼する実態把握票をもとに作成したものを紹介します（→ p.52 モデル①**実態把握票**）。開発者である岡田智氏（現、北海道大学）の了解を得て、筆者が加工したものです。

ただし、担任して間もない場合や個人情報を入手しにくい場合もあり、必ずしも全部を埋められないこともあります。医療現場では、これらの不足部分を、医師や臨床心理士が治療の中で保護者から聞き取り、埋めていきます。教育現場では、入級・入室相談にかかわる教育委員会の担当者が情報収集することに

なるでしょう。

この実態把握票は、教育でいう発達障害の分類（LD、ADHD、高機能自閉症）に従ってカテゴライズし、下位項目を作成したものです。担任が日常の指導の中で、対象児の実態を客観的に把握し、指導に生かすことができるように工夫されています。

3）発達検査の活用にあたって

■発達検査はツールのひとつ

前述したように、標準化された検査を用いることは、子どもの実態を客観的に把握するための有効な手段のひとつです。

検査は、総体的な知的発達レベルや認知発達の偏りを分析的にとらえ、その後の指導に生かすためのツールです。その意義を理解して活用したいものです。以下に確認しておきましょう。

■検査は万能ではないが、有効である

日常の教育活動の中でとらえられる情報は、子どもの状態像や数値化できない生の感

| CloseUp | 発達障害児の評価によく使われる発達検査 |

一般的な知能検査

①WISC-Ⅳ	結果はD・IQ（偏差IQ；通常IQと表記）；全検査IQ（FSIQ）と４つの指標（言語理解、知覚推理、ワーキングメモリ、処理速度）で示される（これらの数値は「合成得点」とよぶ） 　ウェクスラー系の知能検査は、WPPSI（幼児）、WISC-Ⅳ（児童）、WAIS-Ⅲ（成人）がある。人間の能力を洗い出し、因子分析によって得られた因子をもとに作られた。現在わが国では、WPPSIは古くなってしまったため、ほとんど使われていない。WPPSI-Ⅲの標準化作業が進んでいる。ウェクスラー系知能検査では、生きて働く実際の行動や能力を評価する。 　知能を「目的的に行動し、合理的に思考し、能率的に環境を処理する個人の総合的・全体的能力」と考える。経験や学習によって得たものを有効活用することも知能と考える立場である。実用的ではあるが、環境に左右されやすい。
②田中ビネーⅤ	結果はIQで示される。その年齢の70％の人ができるものを年齢標準とし、発達年齢を算出する 　問題数が少なく系統立っていないため教育や療育には生かしにくいが、短時間で実施可能であり、スクリーニングとしては使える。手帳の判定など、福祉ではこれが中心。

認知、情報処理特性等の把握のための検査

③K-ABC、KABC-Ⅱ	カウフマンによって開発された発達検査。脳の左右の機能の違いをもとに、2つの認知処理尺度を測定する 　おもに左脳の機能を評価する継次処理と、右脳の評価の同時処理、それらを統合したものを認知処理過程と称し、認知処理過程の成績を知能と考える。 　経験や学習によって蓄積された力は知能とは考えない。「習得度（KABC-Ⅱでは学習尺度）として別に評価し、認知処理尺度と習得度（学習）尺度の開きからLD（学習障害）を予測する。
④DN-CAS	ダスとナグリエリによって開発された発達検査。左右の脳の機能差に加えて、K-ABCで十分に測定できなかった、前頭葉機能の一部を測定している 　継次処理・同時処理・注意・プランニングの各尺度の統合した能力をPASS指数で表す。これが知能指数（WISC-Ⅳでは合成得点という）に相当するといわれる。 　標準化された子ども向けの前頭葉機能測定ツールは、このほかには十分に検証されたものはない。環境因で落ち着かない子と、ADHD特性で落ち着かない子を見分けやすい。
⑤ITPA	オズグッドの心理学的モデルによって構成された検査 　ITPA言語学習能力診断検査というので言語の検査に分類されるが、情報処理特性を把握する発達検査といえる。標準化されてから30年近く経ち数値の信頼度は低いが、考え方は利用できる 　受容過程―連合過程―表出過程の3つの過程と、表象水準―自動水準の2つの水準で、個人内の情報処理特性をとらえる。数値は現在では参考程度であるが、個人内のアンバランスが明確になるので、指導にあたって配慮すべきつまずきや、効果的な指導のために利用できる力を把握するためには有効である。

- ②は精神年齢という尺度を用いるが、ほかの４つは同年齢の母集団からの隔たりを数値化したものである。
- 今日多く使われる①③④は、平均を100、１標準偏差を15としている。
- ⑤は、古いもので数値の信頼度は低いが、平均を36、１標準偏差を6としている。
- すなわち、①③④のFSIQ、標準得点が85未満、ITPAでは30未満の場合には、平均的な発達をしている子どもたちとは大きな発達上の隔たりがあることを意味しており、学校教育においては、境界線レベルの知的発達の可能性がある子どもとして配慮して指導を行う必要がある。

覚、課題の達成状況などです。一方、発達障害児・者に対して用いられる標準化された検査で得られる情報は、状態像の背景にある発達の偏りです。中枢神経系の機能障害や、個人内の認知発達のアンバランス、同年齢の母集団中の位置や隔たりをとらえることができます。

適切な間隔を空けて再評価を行うことによって、年齢とともに変化している部分をとらえられることもあります。

■実態把握のためのひとつの手段である

検査で測れるものは、その検査が測ろうとしているものだけです。多様な精神機能の一部分です。ただし、検査を組み合わせて用いることによって、より幅広く実態をとらえることができます。

また、標準化されたものであるため、他機関や他の専門家との共通理解をもちやすく、客観的な比較が可能になります。

■検査実施上の留意事項

検査自体は、その検査法が測ろうとしているものを数値化して表します。正確に実施して「数値を求めること」は基本ですが、検査者は、「反応をみる」ことを重視する必要があります。検査結果を活用する教師は、数値だけでなく、検査時の反応を参考にしながら、指導計画を作成します。

検査はたくさん行えば子どもの実態がみえてくるというものではありません。また、検査結果は、それを裏づける日常生活での「証拠」となるものがない場合には、検査時の特異的な反応である可能性があります。間隔が短すぎる再評価は、数値をゆがめることもあり、十分に注意する必要があります。

児童氏名（　　　　　　男・女）学年（　　年生）生年月日（　　年　月　日）記入日（　　年　月　日）

* 本チェックリストは，児童の困難を特定し，支援ニーズや支援方法を明らかにするためのものです．
* 対象の児童について，下記の基準に従って，0〜2で評定してください（当てはまる数字に〇）．
* また，指導の様子について具体的に右記の自由記述欄にお書きください．

【評価方法について】
　0：当てはまらない，もしくはその項目について困難は見られない
　1：やや当てはまる，もしくはその項目について若干困難が見られ配慮が必要である
　2：当てはまる，もしくはその項目について困難があり，支援と配慮が必要である

カテゴリー	チェック項目	評価		
知的能力・学習全般	①学年の学習についていけないことが多い。	0	1	2
	②個別に指導してもなかなか理解できなかったり，時間がかかったりする。	0	1	2
	③学力的には、2学年程度またはそれ以上の遅れがあると感じる。（1学年程度の遅れならば『1』）	0	1	2
	④一度理解したと思ってもすぐに忘れてしまい、なかなか定着しない。	0	1	2
	⑤自分で考えて行動したり応用したりすることができない。	0	1	2
	⑥基礎学力を身につけることができるのか心配である。	0	1	2
読み・書き・算数	①音読がいつもたどたどしく、読み飛ばしや読み間違いがみられる。	0	1	2
	②自分で読んで文章の意味を理解することができない。	0	1	2
	③学年相応の文字（ひらがな・カタカナ・漢字）の習得に困難があり、書こうと思っても書けない。	0	1	2
	④文字の形がうまく書けず、判読するのに苦労する。	0	1	2
	⑤書くことを嫌がる。	0	1	2
	⑥数えたり計算したり等の数概念の理解が、学年相応にできていない。	0	1	2
	⑦数量関係や図形の概念等、特定の算数の領域の理解に困難がある。	0	1	2
コミュニケーション	①まとまりのない表現だったり、言葉足らずだったりして、言語表現にぎこちなさがある。	0	1	2
	②会話が続かない（一方的であったり、受身的過ぎだり、反応が乏しかったりなど）。	0	1	2
	③抽象的な語句や「れる・られる表現」など、言語理解に困難さがある。	0	1	2
	④自分の考えや気持ちを言葉で表現することが難しい。	0	1	2
	⑤冗談や比喩表現をまともに受け取ってしまうことがある。また、謙遜した表現などが理解しにくい。	0	1	2
	⑥抑揚、アクセント、声量などがぎこちなかったり、場違いなしゃべり方になってしまったりする。	0	1	2
	⑦視線が合いにくい。もしくは表情、ジェスチャーでこちらの意図が通じない。	0	1	2
	⑧会話をするときの距離感がつかめない（離れすぎ・近づきすぎ、なれなれしい・硬すぎるなど）。	0	1	2
対人関係	①友達関係がなかなか深まらない（年齢相応に深まらない）。	0	1	2
	②同年齢の子どもとうまく遊べないことが多い（孤立する、遊びが続かない、一方的になるなど）。	0	1	2
	③常識や礼儀に著しく欠けている。	0	1	2
	④その場の雰囲気や状況を察して行動するのが困難である。	0	1	2
	⑤誰にでもなれなれしい（人見知りしない）、もしくはかかわろうとはしない（過度の人見知りも含む）。	0	1	2
	⑥他者の気持ちや考えを察することが難しく、一緒に喜んだり悲しんだりできない。	0	1	2
	⑦人の目が気にならない、もしくは過剰に気にして恐れる。	0	1	2
	⑧集団活動（班活動など）で協調性に欠けることが多い。	0	1	2
こだわり・切りかえ	①予定の変更を嫌がる。もしくは決められた手順を頑なに守ろうとする。	0	1	2
	②行動や気持ちの切りかえが難しい。	0	1	2
	③同じ話題や動作を繰り返すことが多い。	0	1	2
	④自分の世界に浸るときがある（関心事やファンタジー、空想などへの没頭など）。	0	1	2
	⑤過度の正義感やルールへのこだわりがある。	0	1	2
	⑥初めてのことや慣れていないことに柔軟に対処できなかったり、融通がきかなかったりする。	0	1	2
	⑦以前に経験したことをとてもよく覚えている。（フラッシュバックがある場合は『2』）	0	1	2
不注意・衝動性・多動性	①気が散りやすかったり、ぼーっとしたりすることが多い。	0	1	2
	②注意集中が持続せず、課題への取り組みにムラがある。	0	1	2
	③忘れ物やなくし物が多く、整理整頓が年齢相応にできない。	0	1	2
	④授業中、落ち着きなくソワソワと動いてしまうことが多い。（離席が多い場合は『2』）	0	1	2
	⑤指示やルールに従えないときがある（順番待ちなども含む）	0	1	2
	⑥過度によくしゃべる。もしくは年齢不相応に多動である。	0	1	2
	⑦思いついたことをすぐ口に出したり、説明を聞いている最中に出し抜けにしゃべったりすることが多い。	0	1	2
	⑧後先を考えずに行動してしまうことが多い。	0	1	2
情緒	①学習や集団行動において、やる気がないときが多い。	0	1	2
	②学習や運動、あるいは対人関係において自信がなく、不安な様子を見せることが多い。	0	1	2
	③イライラすることが多かったり、キレやすかったりする。	0	1	2
	④メソメソしたり怖がったりして、気持ちが不安定なときがある。	0	1	2
	⑤突然大騒ぎをしたり、固まって動けなくなったりすることがある。	0	1	2
	⑥友達に対して攻撃的だったり、大人に対して反抗的な態度をとったりすることがしばしばある。	0	1	2
運動	①箸や鉛筆の使い方がぎこちない。	0	1	2
	②文房具（ハサミ、定規、コンパス等）や楽器（リコーダー等）などが上手に扱えない。	0	1	2
	③手先が不器用である。	0	1	2
	④準備運動などで、動作をまねることが苦手である。	0	1	2
	⑤走り方や身のこなしがぎこちなく、ボール運動やなわとび、マット運動などが苦手である。	0	1	2
	⑥鬼ごっこやドッジボールなど、身体を動かす遊びを好まない。	0	1	2

発達障害の分類（LD、ADHD、高機能自閉症）に従ってカテゴライズし下位項目を作成したもの。担任が日常の指導の中で対象となる子どもの実態を客観的に把握し、指導に生かすことができるように工夫されている。

記入者（　　　　　　　　　　　）　児童との関係（担任・その他〈　　　　　　〉）

入級・入室相談

実態把握

子どもの様子（子どもについて具体的にお書きください）
学習面（読み・書き・算数，学力など）・知的能力（理解力や判断力など）について
対人関係（友達関係，大人との関係，協調性，自由時間の使いかたなど）について
行動面・情緒面（生活面・集団行動，注意集中，こだわり，情緒の安定性など）について
運動面・作業面について
児童の興味関心，いいところ（長所），がんばっていること
校内での対応　少人数学級、指導補助員、学習支援員等、スクールカウンセラー、介助員、その他(　　　　　　　　)
幼稚園、保育園、下学年等からの申し送り事項
家庭環境　家族構成、主に学校と連絡を取る人、教育や子育て上の特徴、塾・習い事　等
その他（健康面，不適応状態，等）について

下記の行動や状態がみられるのであれば，〇をつけ，右記に把握されていることをお書きください。
①登校しぶり　　②不登校　　③病弱、虚弱　　④健康上の問題　　⑤吃音（どもり）　　⑥選択性緘黙
⑦チック　　⑧構音の問題（発音不明瞭）　　⑨感覚過敏（大きい音、特定の臭い、極端な偏食、触られることなど）
⑩パニック　　⑪自傷行動　　⑫乱暴な行動（暴力・暴言・いじめ等）　　⑬虚言　　⑭万引き・窃盗（友達のものをとることも含む）
⑮非行行為（喫煙，深夜徘徊，喧嘩など）　　⑯特別な家庭の状況（　　　　　　　　　　　　　）

開発者岡田智氏の了解を得て筆者が加工

2 教師が把握する子どもの実態

入級・入室相談を経て指導が始まりますが、教師は、日々の指導を通して、子どもの実態をさらに把握し、指導内容・方法の評価をしていかなくてはなりません。日頃会話を交わす保護者からの情報収集も大切です。

1) 指導の中でこそ把握できる実態

■指導を開始してからの姿をみていく

いかに入級・入室相談を厳密に行っても、実際に指導を開始してからでなければとらえられない姿があります。これらは日々の指導を通して、担任が把握していくものです。

入級・入室にあたって作成された個別支援計画は、指導によって明らかになってきた背景情報や詳細なつまずきなどを、逐次付け加えていくことが重要です。

■複数の異なる視点によって

複数の担任や担当者がいる場合には、必ず、授業の評価と次回の指導の準備を検討すること、一人で巡回指導をする場合は、他の担当者とともに、指導報告も併せた対象児の事例研究と授業の評価の時間をもつことが重要です。どんなにベテランの教員でも、独りよがりになってしまうことが少なくありません。ましてや、経験の浅い者にとっては、子どもの情報を他者と共有することは、何らかの研修会に参加するよりも、より実践的な研修になるでしょう。

2) 指導の中で行う実態把握のあり方

■詳細な実態をとらえる

何がどこまで、どのようにできているか、習得しているか、これがベースラインであり、指導の出発点となります。

できないところ、改善したいところ、保護者や在籍担任が訴えるところは、現在表面に表れた困難点や課題です。指導にあたっては、その背景にある発達の偏りや特性、その他の要因を分析的にとらえる必要があります。ASDだから、ADHDだから、LDだからという「先入観」を捨て、同年齢の子どもたちの行動や学習、生活の様子との比較、「学習指導要領」の内容や各教科の指導法における

困難点の把握も大切です。

■指導をしながら把握する——形成的評価

入級・入室と同時に授業が始まるのが学校教育です。通級であれ巡回であれ、限られた時間の中で実態把握のために特別なことをするゆとりはありません。心理治療であれば、「診断面接」の時期を重視し、ときにはその間に心理検査などを行いますが、教育は、実際に指導をしながら子どもの反応をみて指導内容や教材を工夫することにより、主訴や困難の背景を診断的に把握することができるでしょう。

■既成の指導内容・方法利用は慎重に

巷（ちまた）には、「発達障害」向けのさまざまな書籍があふれかえっており、教育委員会のなかには、資料集的なものを配布しているところもあります。これらは、大いに利用したいものですが、けっしてそのまま使えるものではありません。

子どもの実態に応じて、指導内容・方法は変わるものであり、実態把握の素材として、担任が自分の判断で既成のものを利用することはよいでしょうが、安易にこれらを指導の教材として利用することには慎重にならざるを得ません（→詳しくは p.110、p.121）。

3) 保護者、養育者からの情報収集

■登校時の会話などから

多くの場合、保護者や養育者が、子どもの送迎を行っています。このときの非構造的な面談は、日常の家庭の様子、親子関係、また当日の体調や情緒をとらえるうえで貴重な機会です。設定された面談日とは違い、生の姿に接することができるからです。

特に、登校時の様子は、その子の一日の状態をみていくうえで重要であり、場合によっては、ふだんと異なる対応が必要だと把握できることもあるほどです。

帰りの迎えの際には、一日の指導を伝えることが多いのですが、必要なことは家庭と在籍学級担任との連絡帳や子どもが使う生活表などに記入すればよいでしょう。迎えに来た人と子どものかかわり方や、下校の様子なども重要な観察対象です。

なお、連絡帳については、必要最低限にとどめたいものです。少ない指導時間を連絡帳記入のために費やしてはなりません。定期的なお便りや学級通信などで伝える工夫をするべきです。

■面談・電話での対応も行う

保護者が課題を抱えていたり不安を訴えてきたりしたときには、丁寧に対応する必要があります。送迎時の立ち話では十分でないと判断される場合には、特別に時間をとって話をすることもあるでしょう。その際は、必ず、日時を決めて面談をするべきです。電話での対応も同様です。

ただし、相談したいことがあればいつでも相手になれるわけではないことを保護者に周知する必要もあります。また、教師は心理治療を行う立場ではなく、子どもの教育やしつけについてのアドバイスをする立場であることを忘れてはなりません。

4) 教育現場や家庭で行われてきた ABA

■子どもの姿を見極めることから始まる

子どもに何かのつまずきがあると感じたとき、ほとんどの人は、そのつまずきをなんとかしたいと思います。その結果「あれもできない」「これもダメ」だから、なんとか伸ばしたい、変えたいと、問題点ばかりを取り上げようとします。もちろん、よい方向に子どもが変容することは喜ばしいことですが、もともと苦手なところだからつまずいてしまっているのです。

ちょっと視点を変えて、子どもにとって受

け入れやすく、取り組みやすい指導方法を考えてみましょう。まずは、どこまで習得しているのか、どんな習得の仕方をしているのかをみます。出発点、すなわちベースラインを定めること。間違って身についてしまったこと、すなわち誤学習を見極めることです。

■理論はさておき実践されてきている

実は、これが応用行動分析（Applied Behavior Analysis：ABC分析）の考え方です。情緒障害教育においては、初期の段階から、積極的に子どもの課題を分析し、段階的に指導を積み重ねる方法を取り入れてきました。学校教育においては研究者が用いるような専門用語はほとんど使われていませんが、実践はなされてきているということです。

そこで、教師たちが積み重ねてきた実践を支えてきた根拠を、簡単に確認してみましょう。

■ABAは適切な行動の強化をめざす

ABAの用語を見ると、聞きなれない言葉が連なっているように感じる人もいるかもしれません。しかし、実際の教育活動に接してみると、一般的な指導に取り入れられていることがわかるでしょう。

ごく一般的な授業風景をみれば、これが、日常の教育活動の中で、あたりまえに行われていることがわかります。力のある先生は、しっかりした態度で授業に臨み、よく考えて発表した子どもが、間違った答えを言ったとしても、それを責めたり批判したりはしないでしょう。努力を認め、考えを深めるヒントを与えたり、努力の道筋の価値を評価したりすることによって、もっとがんばってみようという気持ちを起こさせます（形成的評価、次への動機づけ）。これが正の強化です。適切な行動をより強化していくこと、そして、次への意欲を起こしていくこと、これが、ABAがめざすものです。

■ABAは無理な要求をしない

もう1つ大事なことは、無理な要求をしないことです。子どもに寄り添える先生は、一人ひとりの子どもの実態に合わせて、課題の出し方、声のかけ方を工夫します。実態に合わせる、これがベースラインをしっかりとおさえることです。

課題の出し方、声のかけ方の工夫の際に、ちょっとがんばればできるように、やりきれるように、ヒントを与えることがプロンプトです。

■我慢・回避できたことへの評価

ASD児への治療教育では、知的発達に遅れがある子どもが多かった初期の頃はパニックへの対応やこだわり行動の改善などにABAの手法が活用されました。

パニックを起こすには何らかの原因があるはずです。その原因を探して、取り除くことができればそれですみますが、多くの場合、「不快なこと―激しい爆発的な反応」のパターンが定着してしまい、不快なものを取り除いても行動が改善しにくいのです。

このような子どもの場合、パニックに至らない程度の不快な状況に近い条件で、いやなことに対してとるべき行動がとれるようにし、我慢していることに気づかせたり、ほかの場所に移動して不快刺激を避けられたことを評価したりします。「不快だけど、我慢できた」「不快なことを避ける方法がとれた」ことが、行動の改善につながっていきます。

■クールダウンとタイムアウト

教室で乱暴な行動をとってしまうADHDの子どもに対して、クールダウンをさせることがあります。刺激の少ないところで、気持ちが収まるまで待つという方法です。効果的に実施すれば行動改善につながります。

不適切な行動を繰り返す場合に、それを無視したり一定の時間楽しい活動を制限したり

するという方法もよく使われます。タイムアウトの手法です。明らかに、まわりの状況や相手の様子を見て、注目行動をとっている場合には、「そんなことしていると相手にしてもらえないよ」ということをわからせるためには有効です。

ただし、なぜその子どもが注目行動を繰り返すのか、その背景には十分な注意が必要です。隠れたいじめがあってヘルプサインを出している子ども、安定しない家庭環境で日常的に大人の温かさを求めている子どもの場合には、いじめ等への対応や心の安定を図ることが重要で、タイムアウトの手法を用いても、温かいふれあいを十分にとることが大切です。

■エコノミートークン法

家庭でよく行われていることに、「約束の手伝いや勉強をやったら」「時間内にゲームを切り上げられたら」などが守れたときに、カレンダーに○をつけ、1つの週で○が5つ以上たまったら、褒美として週末にファミリーレストランなどに連れていこう、といった方法があります。ABAではこれを「トークンエコノミー（エコノミートークン法）」といいます。教育では、これをもっと組織的に行っています。

家庭で実施する場合には、「もので釣る」「ご褒美がないと動かない」状態になってしまわないような配慮は必要ですが、子どもが意欲的に行動改善の目的行動を行う効果的な方法です。褒美の与え方の工夫、約束の明確化などが求められます。きちんとできるようになったら徐々にその行動では褒美をなくして、他の課題（ターゲット行動）に段階を上

● Column

ABA（応用行動分析）に学ぶ

応用行動分析は、行動主義心理学に基づく理論で、その基礎理論を簡単に述べると以下のようです。

「ABC分析」の手法は、行動を「先行条件（行動の前にあった刺激）→行動→結果条件（その行動の結果）」の枠組みで分析します。行った行動に望ましい結果を伴わせることで、その行動を増加させるという考え方です。

適切な行動を形成し維持させるために、「強化」「プロンプト」「フェイディング」「シェイピング」「連鎖化」「トークンエコノミー」などの方法が体系的に研究されています。望ましくない結果が伴うことで、適切でない行動は減っていきます（「タイムアウト」の手法などは体罰にならないように慎重な判断が必要です）。

通級や巡回等の限られた時間や環境で、発達につまずきのある子どもたちに効果的な支援をしていくうえで、応用行動分析の技法に学ぶことは多いでしょう。

参考文献：鳥居深雪『脳からわかる発達障害──子どもたちの「生きづらさ」を理解するために』（中央法規出版、2009年）

げていくこともあるでしょう。

■原点に戻って基礎理論を学ぶと効果大

ASDやADHDの教育においては、多くの○○法、○○トレーニングが系統的に提案されていますが、これらの多くの手法の基本的な考え方はABAです。基礎理論を十分に理解していないで形だけ行われている状況も見受けられますが、原点に戻ってきちんと学び、実践に生かすことで、指導の効果を上げることができるでしょう。

3 教育計画

教育計画は、その学級・教室運営の基本方針を具体的に示したもの。設置形態のいかんによらず、教育計画を作成して、担当する子どもたちの特性に応じた指導の全体像を考えることが重要です。親子学級方式における連携も、この計画に基づいて実践します。

〈モデル〉
②通級指導学級のねらいと指導内容→ p.60

1) 学級や教室の全体計画が必要

■個別指導計画、個別支援シートの前に

都道府県ごとに情緒障害学級の設置形態が異なり、教育課程届を教育委員会に提出することが義務づけられていない道府県も少なくありません。個別指導中心のところでは、個々の子どもの個別指導計画や個別支援シートなどは作成していても、教室全体の「教育計画」や「教室経営案」などをもたないところも多いようです。

設置形態のいかんによらず、子どもたちの特性に応じた指導の全体像を考えることは重要です。親子学級方式では、親学級と通級指導学級（教室）、巡回指導教室との役割分担を明確にし、それぞれが連携しながら指導にあたる必要があります。

教育計画は、学級・教室運営の基本方針を具体的に示したものです。運営の基本方針、全体の指導の目標、指導の重点やグループ編成の基本方針と、児童の通級日を示す通級時間割や各曜日の指導時程（生活時程）、年間の指導の流れなどを明記する必要があります。入退級の基準も掲載し、親学級と共通の姿勢で個々の子どもの変容を確認しつつ指導を展開することが大切です。

■巡回指導においては全体計画がいっそう重要

巡回指導は学級や教室としてのまとまりが弱いものの、担当者同士および親学級との連携や協力のあり方も含めた全体計画がいっそう重要な意味をもちます。そのうえで、対象児の個別指導計画を作成することになりますが、その際は現在の課題の解決のみを取り上げるのではなく、指導終了後の見通しをもって指導にあたることが重要です。

指導の終了・継続の判断の根拠なども明確にし、個別的な指導継続の是非や、他の形態の特別支援教育への移行の可能性などを考え

ながら指導をしていく必要があります。

2) 指導のあり方を考えるために

■ある通級指導学級の教育計画から

ここでは、東京都のある情緒障害等通級指導学級の教育計画から、「指導計画」の部分、「学級における指導のねらいと内容」を紹介し、通級指導学級（教室）、巡回指導教室の指導のあり方を考えます（→ p.60 モデル②通級指導学級のねらいと指導内容[文献8]）。

指導計画の作成にあたっては、対象児が示す困難を分析、困難の背景にある発達的なつまずきや偏りから、指導内容や配慮事項が導き出されます。それらを、「指導項目」との関連で示してあります。情緒障害教育の指導の柱は従来から「指導項目」に挙げたものですが、情緒障害教育一般で行われているもので、漠然としています。指導にあたっては、その学級に通う子どもたちの実態、地域の実態などを考慮した内容が求められます。

そこで、児童が抱える困難点を挙げ、障害特性の視点で分析して並べたものが「全体に関わる困難」と「特に関連するつまずきや偏り」です。「指導の工夫及び配慮すべき点」では、学習者である子ども自身が学びやすい、意欲をもちやすい配慮と工夫、指導の形態を検討します。「主な指導の内容」は、通級指導の場面で完結させるのではなく、学校生活全体、さらに日常生活場面への広がりや汎化を考えながら取り上げています。

■「指導項目」について

知的遅れのない発達障害の子どもたちの大半は、将来、愛の手帳や療育手帳を取得して福祉的な支援を受けるということはありません。特別な配慮や支援を受けながら生きるのではなく、自立した社会人として生活します。小学校時代には、これらの子どもたちが、将来の社会適応を果たすための基礎を育てるこ

とが重要です。と同時に、通常の学級の生活への適応能力を向上させ、好ましい人間関係を形成し学習参加を促すことも課題です。

通常の学級の授業に参加することだけが学級適応ではありません。ましてや、読み、書き、計算など、指導内容がはっきりしていて成果がすぐに表れるものだけを取り上げ、見せかけの学力向上を指導の効果と判断することは誤りであるといえます。

■「児童がかかえる困難」について

発達障害の子どもたちには、脳機能障害があることは自明のことですが、その程度は多様であり、また状態像の現れ方もさまざまです。発達途上にある子どもたちのなかには、障害特性に起因する課題だけでなく、さまざまな環境要因やうまくいかなさの体験を重ねた結果、二次障害に陥っている子ども、誤学習をしてしまった子どももいます。

指導にあたっては、これを総合的に把握して個別指導計画を作成する必要があります。

■「指導の工夫及び配慮すべき点」について

挙げられている事柄は、特別なことではありません。ユニバーサルデザイン、インクルーシブ教育を進めていく通常の学級であっても、同様の配慮と工夫が求められるでしょう。

■「主な指導の内容」について

取り上げる内容は、子どもによって、あるいは、意図的に編成したグループによって異なります。「子学級」である通級指導学級（教室）、巡回指導教室は、ともすると狭い指導時間での変容しかみえず、全体的な姿がとらえにくくなりがちです。指導の評価は、指導場面以外の場面や状況への汎化が起こったか否かの検討がポイントとなります。

指導の結果が、授業場面からその子どもの学校生活へ、そして日常生活への広がりを考え、在籍学級（親学級）での指導と関連づけながら進行していくことが重要です。

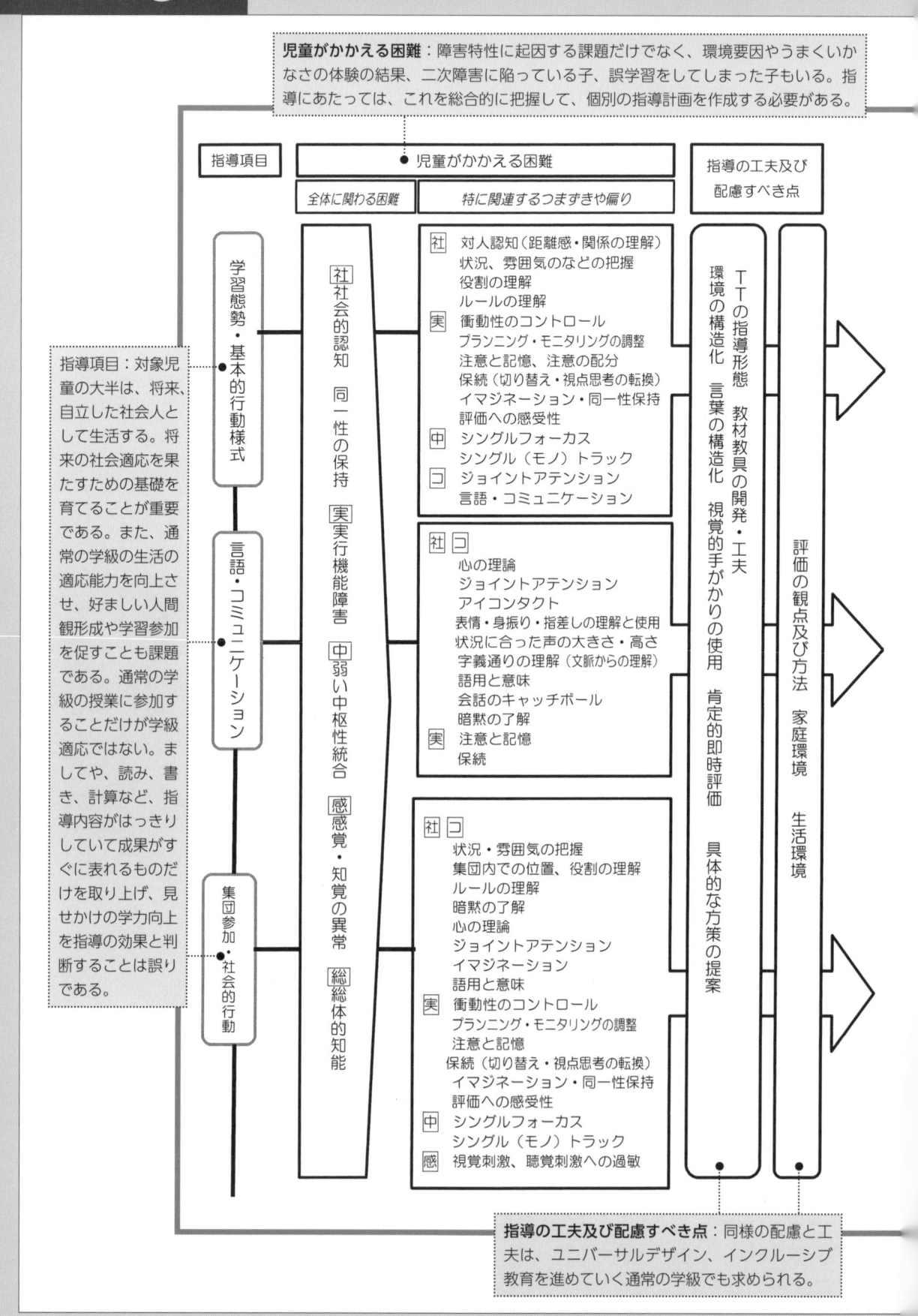

児童がかかえる困難：障害特性に起因する課題だけでなく、環境要因やうまくいかなさの体験の結果、二次障害に陥っている子、誤学習をしてしまった子もいる。指導にあたっては、これを総合的に把握して、個別の指導計画を作成する必要がある。

指導項目	児童がかかえる困難		指導の工夫及び配慮すべき点
	全体に関わる困難	特に関連するつまずきや偏り	

指導項目：対象児童の大半は、将来、自立した社会人として生活する。将来の社会適応を果たすための基礎を育てることが重要である。また、通常の学級の生活の適応能力を向上させ、好ましい人間観形成や学習参加を促すことも課題である。通常の学級の授業に参加することだけが学級適応ではない。ましてや、読み、書き、計算など、指導内容がはっきりしていて成果がすぐに表れるものだけを取り上げ、見せかけの学力向上を指導の効果と判断することは誤りである。

学習態勢・基本的行動様式

言語・コミュニケーション

集団参加・社会的行動

社　社会的認知
同一性の保持
実　実行機能障害
中　弱い中枢性統合
感　感覚・知覚の異常
総　総体的知能

社　対人認知（距離感・関係の理解）
状況、雰囲気のなどの把握
役割の理解
ルールの理解
実　衝動性のコントロール
プランニング・モニタリングの調整
注意と記憶、注意の配分
保続（切り替え・視点思考の転換）
イマジネーション・同一性保持
評価への感受性
中　シングルフォーカス
シングル（モノ）トラック
コ　ジョイントアテンション
言語・コミュニケーション

社　コ
心の理論
ジョイントアテンション
アイコンタクト
表情・身振り・指差しの理解と使用
状況に合った声の大きさ・高さ
字義通りの理解（文脈からの理解）
語用と意味
会話のキャッチボール
暗黙の了解
実　注意と記憶
保続

社　コ
状況・雰囲気の把握
集団内での位置、役割の理解
ルールの理解
暗黙の了解
心の理論
ジョイントアテンション
イマジネーション
語用と意味
実　衝動性のコントロール
プランニング・モニタリングの調整
注意と記憶
保続（切り替え・視点思考の転換）
イマジネーション・同一性保持
評価への感受性
中　シングルフォーカス
シングル（モノ）トラック
感　視覚刺激、聴覚刺激への過敏

TTの指導形態　教材教具の開発・工夫　環境の構造化　言葉の構造化　視覚的手がかりの使用　肯定的即時評価　具体的な方策の提案

評価の観点及び方法　家庭環境　生活環境

指導の工夫及び配慮すべき点：同様の配慮と工夫は、ユニバーサルデザイン、インクルーシブ教育を進めていく通常の学級でも求められる。

「指導項目」「児童がかかえる困難（全体に関わる困難・特に関連するつまずきや偏り）」「指導の工夫及び配慮すべき点」「主な指導の内容」の各項目が、相互関連をとらえやすいレイアウトで示されている。

主な指導の内容：指導の結果が、授業場面から、その子どもの学校生活へ、そして日常生活への広がりを考え、在籍学級（親学級）での指導と関連づけながら進行していくことが重要である。

● 主な指導の内容

授業の中で	学校生活全体の中で	日常生活の中で

□時刻になったらそれまでの活動を止めて着席する
□指示に従って行動する
□自分がやるべきことが分かる
□複数の指示を覚えて、そのことを行う
□言われたとおりにやってみる
□教師や友達に注目する　注目し続ける
□教師が書いたこと、指差ししたところに注目する
□他者の視線に気付いて同じところを見る
□教師や友達の話を最後まで聞く
□順番を守る　自分の番まで待つ
□黙って取り組む
□決められた時間の間あるいは決められた量の学習や作業に集中して取り組む

□目の前のものにすぐに触らない
□学習時や作業時は不要なものを出さない
□机上の整理整頓をする
□道具は使いやすいように整理しておく
□片づけの方法を工夫する

□助言や手助けを受け入れる
□やり直しや再チャレンジができる
□制止・禁止を聞き入れてやめる
□○（丸）やポイント、ごほうびシールの意味が分かって意欲的に取り組む

□相手に分かるように、自分の考えや気持ちを話す
□事実、できごとの順番を思い出して話す
□伝えなければ、相手は分からないことに気付く
□同じ言葉でも使う場面や使い方で異なる意味合いになることに気付く
□状況（文脈）から言葉の意味を理解する
□比喩、例え、慣用句の意味や使い方が分かる
□表情、視線、仕草など、言葉以外のコミュニケーションの方法を知り、相手の状況や気持ち、伝えたいことに気付く
□自分に向けられた視線の意味に気付く
□言葉だけでなく、表情や視線、仕草を正しく使って、相手に伝えようとする
□相手の立場に立って、言いたいことを理解しようとしたり、想像しようとしたりする

□相手の視線に気付き、その先がどこに向いているのか気付く
□相手の話を聞き、それに沿った内容で自分の考えを言うことができる
□相手の状況に気付いて、話を進めたり待ったり、話題を変えたりするとうまくいくことを知る
□自分にとって興味関心のあること、面白いことでも、相手にとって必ずしもそうではないことに気付く。
□相手に話しかけるときの言葉、タイミング、話題を変えるときの言い方があることを知る
□複数で話し合うときの発言の仕方や発言するタイミング、考えの調整の仕方を知り、実践してみる
□丁寧語や敬語を知り、場面、相手に合わせて使ってみる（日常・フォーマル　大人・年上・年下　初対面・親しい間柄　友達・先生など）

□友達の様子から判断して行動する
□予定や時間割が分かる
□集団を意識し、遅れないように行動する
□集団の中にいることが辛くなったときのエスケープの仕方を知る
□予定を意識し、自分のやっていたことを切り替えながら集団に参加していく
□行動を計画し実行する
□作業や物事の手順や段取りを考える
□やることの優先順位を考える
□協力することの意味や方法を知り、やってみようとする
□報告・相談・連絡を行うことでうまくいくことに気付く
□ルールを理解し、守って、ゲームや活動に参加する。
□集団内での自分の位置や役割を理解して行動する
□自分の目当て・目標を設定して取り組む
□結果を受け入れ、目標や方法を変更する
□他児と競争したり、自分を励ましたりしながら目標を達成しようとする

□他者には自分とは違う思いや考えがあることを知る
□同じ言葉でも、言い方や態度、視線、表情で意味合いが異なることに気付く。
□他者の感情を想像してみる。その手がかりを知る。
□他者から見て感じのよい振る舞いは何か考える
□自分の言動が他者にどういう影響を及ぼしたのか、どう見られたのか考える
□その場面での暗黙の了解は何か気付く
□正しいことでも、言い方や態度でトラブルになることを知る
□注意や批判はしないほうがうまくいくことに気付く
□自分はそんなつもりがなくても、相手が不快に感じたり、トラブルになったりすることがあることに気付く
□相手はそんなつもりがなくても、自分は不快に感じることがあることに気付く
□これまでの経験や学んだことを使って、問題を解決する方法を考える

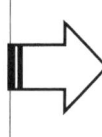

自己肯定感・有用感の育成・適切な進路決定・社会生活適応・自己実現に向けて

町田市立南成瀬小学校通級指導学級「教育計画」（2014年）より

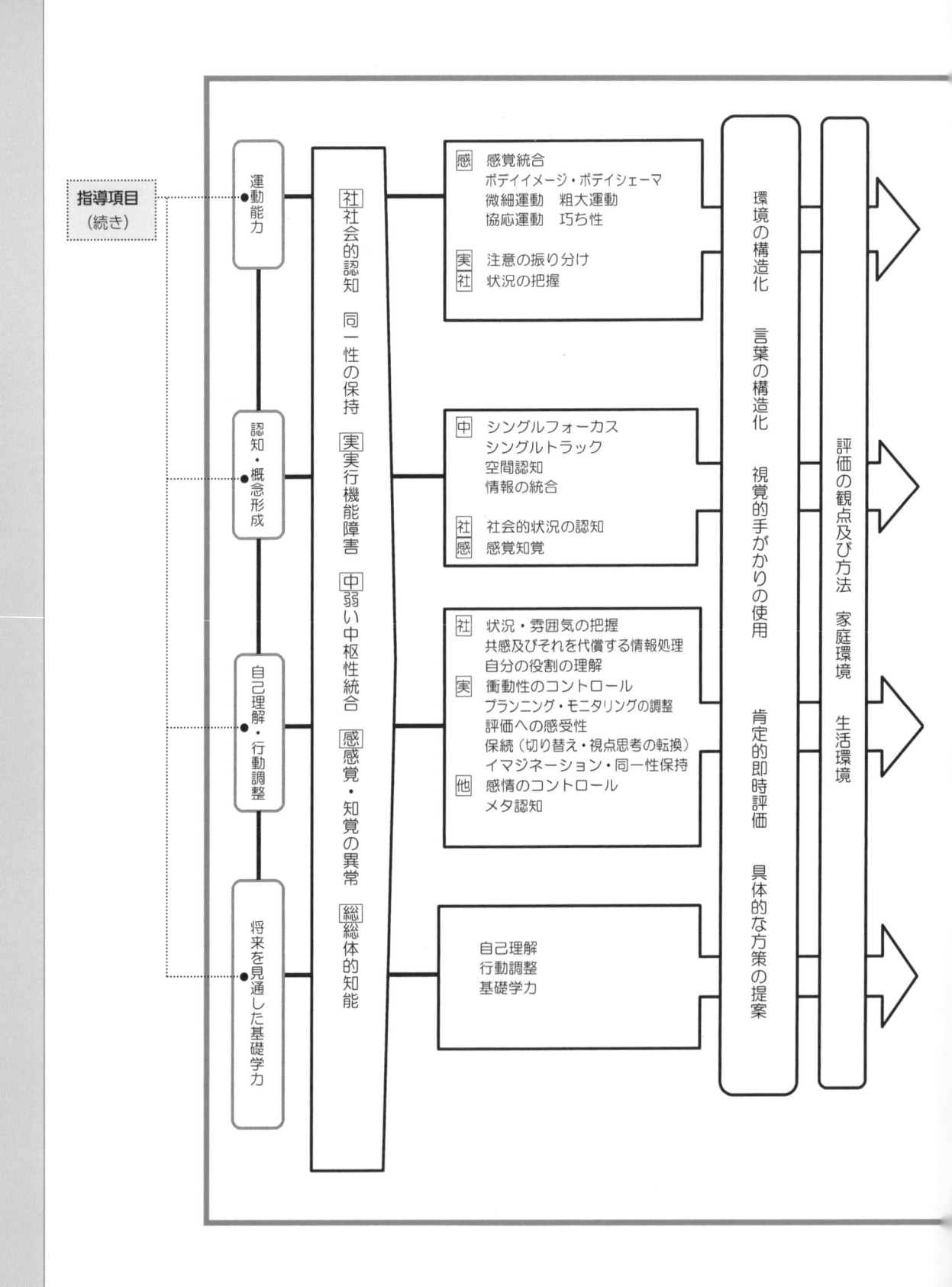

□モデルを見て、同じように自分の体を動かす □体の必要なところに力を入れたり、脱力したりする □回転したり逆さになったり、バランスを取ったりする運動をする □体の2か所以上を同時に動かす協応動作をスムーズに行う □見ながら、聞きながら、感じながら動作する □自分の体の動きや姿勢をイメージする □連続する一連の動きを滑らかに行う □ある動きから別の動きに切り替える	□体の2か所以上に注意を払う必要のある動きをスムーズに行う □重いものを持ったり背負ったりすることができる □一定時間、同じ姿勢を取る □学習や日常生活の中で、あるいは作業で必要な道具を適切に使うことができる □相手の動きに合わせながら、動作する □日常生活や学習、作業で必要な道具を安全に正しく使う

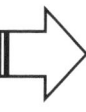

□見た事柄・読んだ内容を正しく理解し、言葉や文字、絵、図、動作等で再現する。または書き写す □聞いた事柄を正しく理解し、言葉や文字、絵、図、動作等で再現する。 □複数の情報を取りまとめ総合的に理解する □全体を見て、どんな部分から成り立っているのか理解する □多くのものの中から重要なところを抽出する □物事を推理したり予測したり、関連付けたりする □起こった出来事の因果関係に気付く □起こりそうな事柄を予測して、自分の行動を考える □自分の感覚を使って相違が分かる □量や長さが同じになるように調整する	□位置関係が分かる □時間の経過に気付く □相手の表情や仕草、視線などをから言いたいことや気持ちに気付く □自分の言動があっているかどうか、他者の様子を参照する □自分の言動が他者に及ぼした影響に気付く □自分の言動が他者にどう見られたか察し、どう振る舞えばよかったのか考えてみる □自分の言動が周囲にどうみられるか予測して、修正する □問題解決に役立つ手がかり（社会的キュー）に気付く

＊自分の認知や行動の特性を理解し、うまくいくための方策や、代替えとなる方法を知る。 □落ち着きがなかったり、衝動的だったり、不注意だったりする自分に気付き、コントロールする方法があることを知る □場面にそぐわない行動をしてしまった自分に気付き、助言を受け入れることでうまくいくことを知る □他者につられて不適切な言動を行ってしまう自分に気付き、注意を受け入れて修正する。 □思いどおりにならないことへの不平や不満、他者への批判などは、問題解決に至らないことに気付き、視点を変えて考えてみる □学習の後や出来事の後に、自分の行動がどうだったのか振り返ってみる	□うまくいかないときは、別の方法があるかどうか相談する。その方法でやってみる □パニックや癇癪を起したときのクールダウンの方法が分かる □自分の考えや思い、自分のルールにこだわっている状況を指摘されたら、そのことに気付き、視点を変えようとする □予定の変更を受け入れ、どうすればいいのか考える □起こりそうなことを予測し、前もっていくつか解決の方法を相談しておく □いろいろ苦手なことがあっても、相談をしたり助言を受け入れたりすることでうまくいくことを知る □自分が困っていること、悩みを大人に相談してみる

＊学年と総体的な発達を考慮して □数や図形をイメージし操作する課題に取り組む □大きさ、量、長さ、広さなど測定したり比較したりする課題に取り組む □文字の習得に必要な認知能力を高める課題に取り組む □文や図の重要なところに着目して、理解したり答えたりする問題に取り組む □日常生活の中で必要な知識や常識に関わる問題に取り組む □聞いたことを書きとめたり、大事なことをまとめたりする	□黒板などに書かれたことをノートやワークシートに書き写すための視写の課題に取り組む □連絡帳やメモ帳の書き方を知り、後で見て分かるように書く。 □時間を計算したり、行動の開始・終了の時刻を決めたりする □買い物に必要な金額や、計画実行に必要な予算を決める □分からないことを、調べるために辞書や事典の使い方を知る □自分の興味関心のあることをもっとよく知ろうとする

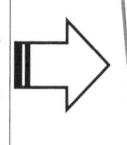

自己肯定感・有用感の育成・適切な進路決定・社会生活適応・自己実現に向けて

指導計画

町田市立南成瀬小学校通級指導学級「教育計画」（2014年）より

4 指導形態の意義・目的を意識する

一斉指導、集団指導、個別指導。学校で行う指導にはいくつかの形態があります。教育のプロとしては、指導形態の意義・目的をよく理解し、授業や生活指導にあたりたいもの。まして、環境やその場の状況にうまく対応するのが難しい子どもたちが相手。その特性に応じた指導形態を意識しましょう。

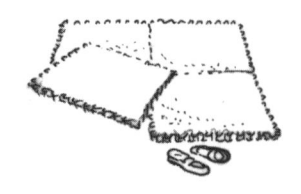

1) 個別場面と集団場面では様子が違う子どもたち

■指導形態は設置のあり方などの事情で変わる

情緒障害教育では、都道府県ごとに設置の形態が異なるため、それぞれの指導形態で指導が行われています。学級や教室で小集団指導を行っているところと、原則的には個別指導を行うところとがあります。しかし、個別指導中心の地区であっても、完全に個別指導のみを継続的に行っているところはそう多くはないようです。

担当者たちの工夫で、何人かの子どもたちを、同じ時間帯に集めて、複数の担当者が小集団で指導を行っているところもあります。

■発達障害児の多くは集団場面では困難をみせる

ASDをはじめとする発達障害の子どもは、場面や条件によって、言動に大きな違いが出ることが少なくありません。

1対1の場面では、しっかりとやりとりをし、落ち着いて課題に取り組める子どもが、学級内や地域社会の中では、思わぬ失敗をしてしまうことがあります。

授業に集中できず成績が伸びない子ども、教師の言葉にいちいち反応してしまい結果的に授業妨害のようなことになってしまう子ども、周囲のペースに合わせて待つことができず他の子どもたちの思考を妨げる態度をとってしまう子ども、人が不快に感じることや不可解にみえることを平然としてしまい周囲から孤立したりしつけの悪い子どもとみられたりする子どもなど、困難の状況は多様です。

■本人はまわりの迷惑や困惑に気づかない

ほとんどの場合、本人はまわりを困らせるようなことをしているとは気づいていません。一方、多くの保護者は子どもの問題に気づいており、いろいろな努力を重ねてきているものの、思うような効果が上がらないのです。

ときには、クラスメートの保護者や近所の人たちから非難されたり仲間はずれにされたりして、子どもも保護者も疲れ切ってしまうこともあります。

■相手の意図や暗黙の了解がわからず…

なぜ、このような事態が生じてしまうのでしょう。

発達障害の特性から、十分な言語能力を有し、コミュニケーション意欲がある子どもであっても、相手の意図を読み取ったり明文化されていない暗黙の了解事項を察して、適切な状況判断をしたり適切な行動をとったりすることが難しくなることがあります。自分はよかれと考えたうえでの言動や違和感を与えるとは思わない言動が、周囲を困惑させたり不快にさせたりしていることに気づかないのです。まわりからは自分勝手な人、わがままなやつ、いやみなやつなどとみられがちで、敬遠されてしまうことがあり、仲間関係を築きにくくなっていくのです。

■助けを求めたり相談したりができず…

また、本人は、自分の問題点にまったく気づいていないために、なぜ周囲から非難されたり悪口を言われたりするのかがわからず、苦しみ続けることもあります。しかも、特にASDの子どもは、他人に助けを求めたり相談したりすることをせず、自分一人で解決しようとするため、いっそうまわりとの関係がこじれてしまうことすらあります。

ADHD傾向が強い子どものなかには、まわりの言動に過敏に反応し、衝動的に暴言を吐いたり激しい行動をとってしまったりする子もいます。

■刺激への過敏性などが原因のことも

刺激への過敏性や注意の振り向け方に不器用さがある子どもの場合には、静かな環境での反応と日常場面での反応とが、大きく変わることがあります。周囲にたくさんの人がいて、さまざまな言葉や動きがある場面、騒音や雑多な物など聴覚的・視覚的刺激が多い場面では、落ち着きをなくしてしまいます。子どもたちが生活している、学校・教室の中、地域など、ごくあたりまえといえる状況ですら、発達障害の子どもにとっては過剰な刺激のために、情報処理に著しい困難に陥る環境といえます。

2) 小集団指導がめざすもの

■目的は集団場面などでの困難の改善

小集団指導の目的は、発達障害の子どもたちが集団場面、生活場面で示すさまざまな困難を改善することです。これは、社会的認知の障害や社会的場面での行動調整力の未熟さをもつ発達障害の子どもたちへの、最も基本的な指導内容といえます。「学習態勢の確立」「基本的行動様式の定着」を図りながら、社会適応能力を身につけさせるものです。

すなわち、集団適応能力を改善・向上させるということは、授業への参加態度の改善や友達関係の円滑化、社会的な場面での年齢にふさわしい行動の定着を促すものです。

■自己肯定的理解をベースにソーシャル・コミュニケーション行動の向上へ

そのためには、対人関係を円滑に進めることだけでは十分ではありません。自分をしっかりと、肯定的に受け止めることができなければ、社会的行動は改善しにくいでしょう。自分の特性を、それぞれの子どもの発達段階に応じて、理解させることが大切です。

そのうえで、自分と他者の違いに気づき、他者を受け入れ、適切な対人距離をもってかかわれるようにすること、コミュニケーションを円滑に進められるようにすることなど、ソーシャル・コミュニケーション行動の向上をめざすために小集団で意図的に指導を行うことが重要になるのです。

小集団指導によって身についた態度や理解は、指導場面だけで発揮されるものではなく、所属する社会（通常の学級、家庭、地域社会など）での、適応行動の向上をめざすものでもあります。

■小集団活動とは違う小集団指導の意義

学童保育や児童館などで、指導員や社会教育主事が、子どもたちを集めていろいろな活動をさせるのは「小集団活動」です。この子どもたちは、意図的に構成された子どもたちではなく、任意で、あるいは、その集団に属しているという関係で集まった集団であり、担当者が何らかの意図をもって構成した集団ではないでしょう。

「小集団指導」は、明確な意図をもって構成した集団に対して、その集団構成員の実態に応じた指導目標が設定され、指導内容、方法の吟味もなされたものです。グループの指導目標と同時に、個別の指導目標をもっているものです。

■意図的な小集団が組めない場合も工夫次第で

情緒障害学級・教室、巡回指導室などで、意図的なグループ編成をした集団では、「小集団指導」が成立します。しかし、個別指導では効果が上がりにくいので、指導時間帯が同じ何人かの子どもを集めて指導をするといった場合には、共通したねらいを立てにくく、集団での活動はできるでしょうが、有効な指導とはなりにくいでしょう。

集団で活動する際には、構成メンバー同士のかかわりは可能であり、また、あいさつや振り返りなどでそれぞれの個別学習を共有すること、学習用具や場所の順番待ちなどの簡単なルールの遵守などを、活動に取り入れることはできます。小集団指導といえるほどの組織的なことではなくても、個別指導のみで終わらせるのとは違ったさまざまなことを、子どもたちは学び取ることができるでしょう。

地域や学校の実態によっては意図的な集団を組むことが難しいかもしれませんが、工夫次第では有効な時間となると知っておくことは有意義です。

■小集団でかかわる指導の留意点

指導にあたっては、個々の子どもに、その時間の授業や一日の生活でのねらいを明確に意識化させ、ねらい（教師の立場では本時の指導目標）に向けた具体的な努力や工夫点を考えさせます。個別のねらいをほかの子どもたちと共有し、がんばっている友達、がんばっている自分に気づかせることが大切です。

結果よりも、がんばる過程、失敗からの学びなどを、意識化させることによって、自分自身の姿がとらえやすくなると同時に、他者の行動へ注意が向きます。振り返りにあたって、自己評価と他者評価に違いが生じたときにその意味を考えさせることは、パターン化した思考や行動の切り替えに役立ちます。他者の適切な行動に注目して自分の行動を振り返ることにより、教えられて覚えるのではなく、まわりを見て気づくような活動を、意図的に取り上げることが有効です。

3) 個別の学習指導は効率的？

■個別指導を望む声はよく聞くが…

よく、個別に丁寧に指導してもらえるからとか一斉指導では難しいけれども個別に指導すると理解できるので、通級や巡回指導を受けさせたいという声を聞きます。巷（ちまた）には、「個別指導塾」「講師が個別に指導します」などの看板が目につきます。個別指導は、そんなに効果的なものでしょうか。

受験勉強のように、枠組みがはっきりしていて一時的に成績を上げるためには、有効でしょう。発達障害の子どもへの個別指導についても、子どもの学習の習得状況に応じて指

導内容が選択され、発達特性に応じた方法で行われた場合には、取り上げた内容の習得には効果が期待できます。

■集団でこそ身につく力がある

半面、思考の深まりや広がり、持続性や発展性に関する指導は、個別場面では取り上げにくいものです。

学習を深め定着させていくためには、いろいろな考え方ややり方があるということに本人が気づくと同時に、そこで身につけた力をほかの場面で活用できることが重要です。他者と自分の考え方、やり方、進め方の違いに気づき、自分のやり方を微調整しながら、思考を深めていく必要があります。

心の理論の障害がある子ども、極端な不注意のある子ども、独特なものの見方をする子どもは、指導者が調整しながら対応しても、その場限りの対処法を覚えることで終わってしまいがちです。

学習内容を活用する場の多くは、日常生活場面や一斉指導の授業場面です。一緒に学ぶ仲間がいて、意見をぶつけ合いながら学ぶことが重要であるといえます。

その2
指導の実際

ここからは、これまでの情緒障害教育を振り返り、優れた実践例を紹介します。学校教育での実践のほかに、発達障害の子どもを専門に指導する療育機関や相談機関での実践も取り上げています。情緒障害教育の制度が十分に確立されていない地区においては、専門機関が情緒障害学級同様の対応を行ってきました。通級指導学級（教室）や巡回指導の参考になるものと考え、あえて載せました。

1 言語・コミュニケーション、言語概念の指導

言語は社会性ゆえに育つといわれます。障害特性のひとつとして社会的コミュニケーションの障害が挙げられる ASD の子にとって、言語や文字の習得は大きな困難を伴います。

〈実践例〉
①言葉の時間：こんなときどうしよう→ p.74
②言葉の時間：皆の心をつかむのはどっちだ!? ディベート大会 !! → p.78
③分数の学習における言語の概念指導→ p.82

1) 言語や文字の習得に困難を示す子たち

■ ASD など発達障害の子に少なくない

ASD をはじめとする発達障害の子どもたちのなかに、言語や文字の習得に大きな困難を示す子が少なくありません。

たとえば「文字は読めるが、書けない」「きれいに書き写すことはできるが、そらでは書けない」、あるいは「読むことができ、言われたことを書くこともできるが、意味がとらえられない」「音読はすらすらできているが、何を書かれているかはとらえられない」などの状態を示す子どももいます

■音と文字が一致しない、意味を理解できないなど

ASD や一部の知的障害の子どもたちのなかには、形の認知は早期に伸びてくるが、その形（文字）と音の結びつきが成立していないことがあります。多くは、視覚優位といわれる子どもたちです。

幼児期にすでにひらがな、カタカナ、漢字を読み、英単語を読めていたり学年相応の国語の教科書の漢字かな交じり文をすらすら読めたりします。しかし、身近な言葉や名称などを書き表すことができない、音と文字が一致していないため、書くことができない、などの困難を有する子どもが少なくありません。

また、文字の読み書きは習得できているようにみえるものの、言葉の意味が理解できていない場合もあります。文字を覚えることと、言葉の意味理解は別物であることを示しています。

■社会的関係、認知の仕方の違いなどから

ASD の相当数の子どもは、その言語獲得において、大きな偏りなく発達する一般の子どもたちとやや異なる経過をたどることが知られています。社会的な関係の習得の遅れや、認知の仕方の違いなどから、言葉の意味理解の習得の遅れや偏りが生じるのです。十分な

---

①わかりすい文章題

　1 パック 10 個入りの玉子を 1 パック買ってきました。夕ごはんで 3 個使いました。あといくつ残っていますか。

②わかりにくい文章題

　1 パック 10 個入りの玉子を 1 パック買ってきました。夕ごはんのときに 3 人が 1 つずつ食べました。今、冷蔵庫の中にはいくつ入っていますか。

　どちらも、簡単な引き算である。「10 − 3 ＝ 7」の立式は、1 年生 2 学期程度の学力で十分だろう。ところが加減乗除の計算ができている ASD の子どもでも、②のような文章題は解けないことがある。

　①②の違いを考えると、つまずきの原因がわかる。

　①では、使った卵の数が明記されている。②では、3 人が 1 つずつのイメージをもたないと 3 個使ったことはわからない。

　さらに①は「残る」という引き算のキーワードが入っているが、②では、冷蔵庫に残っている玉子のイメージをもたないと、3 個減ったことはわからない。

　機械的なドリル学習で文章題が解けるようになっても、言葉から、意味をとらえ、イメージをもつことが困難なため、日常生活での数の処理に結びつかないのである。

意味理解を伴わない段階で、機械的に読み書きを教え込まれた場合には、この傾向がさらに強く表れることがあります。

■数概念の習得に偏りがあることも

　同様のことは、数量概念についてもいえます。計算はできるが、数の移動のイメージがもてない、「合わせて」「全部で」「残りは」などのキーワードをもとにした立式はできるが、これらの言葉の入っていない文章はわかりにくいなどです。たとえば、上に示したような例です。

2) 指導にあたってのポイント

■特性に配慮した意図的な指導であること

　このような、言語発達上の課題に対しては、特性に配慮した、意図的な指導が重要です。情緒障害教育の中では、従来から、「言葉の意味理解」「社会的な場面での使用」を重視しています。

　そして、そのためのいくつかの方法の中から、以下に述べるような要点をつかんできています。

■人とのやりとりの中で体験的に理解させる

　相手や仲間とのやりとりを通して、他者への注意や聴覚的な情報処理能力の向上を図りつつ、語彙を拡大しコミュニケーション能力を向上させる指導を行ってきています。単に言葉を覚え込ませるのではなく、言葉には意味があることを理解させると同時に、1 つの言葉が 1 つの意味しかもたない（情緒障害教育では「ラベリング」ということがある）のではなく、いくつもの意味があることを理解させる必要があります。

　人とのやりとりや、同じ言葉の異なる使い

方を体験的に取り上げることで、1つの言葉がもつ多様な意味や機能を身につけさせるのです。

■わかりやすい文章・言葉を用いる

わかりやすい文章を用いて、意味理解の向上を図ることもあります。この際には、具体的な生活経験の中で子どもたちがよく知っていることを題材にした「生活文」や「説明文」のほかに、算数に関する言葉を利用することもあります。

文章題や数量、図形、量と測定などの概念の指導と併せて行うこともあります。

■客観的事実を重視する

ASD の子どもたちは、想像したり予測したりすることは苦手ですが、体験したことや、客観的な事項はわかりやすいのです。一般的な国語の読解指導との違いは、登場人物の気持ちを考えさせたり、やや長い文章の概要をつかませたりするのでなく、客観的事実を重視することです。

●実践例①について

幼い頃は同年齢の子どもたちとのかかわりを避けたり、受け身的に応じたりすることで満足したりしていた ASD の子どもたちは、年齢が上がり、社会性が伸びてくると、友達とかかわりたい、一緒に遊びたいという思いをいだくようになります。大きな成長ではありますが、相当数の ASD 子どもたちは、まわりを困惑させるような行動をとってしまいます。

いわゆるソーシャルスキルトレーニング（Social Skills Trainning；SST）を系統的に受けた子どもは、困っている友達を見つけたときには思いやりのある言葉をかけ、友達の失敗に寛容な態度で接することができるようになります。しかし生活場面では、相手に不愉快な思いをさせたり怒らせたりする言動

をとってしまうのです。SST の多くは、子どもたちの生活場面で起こりがちな対人的な課題を意図的に取り上げています。取り上げ方として間違いはないにもにもかかわらず、生活場面で使えないのはなぜでしょう。

1つには、設定された状況で学んだことを、自分の生活に結びつけることの困難にあります。日常生活場面は、非常に複雑で、時間的・空間的に広がりのある一連の流れの中で進んでいくものです。指導が教室内での活動に終始し、他の場面へ展開することがないと、同じ状況では使えるようになっても、未知の場面に出会ったときにそれを十分に（予測で）使いこなすことは、発達障害の子どもにとってはとても難しいことです。

2つ目には、対人行動は、教えられて身につくものと、社会的な状況認知と判断を必要とするものの両方を、意図して取り上げないと知識の獲得で終わってしまい、実際の場面で機能しないことです。生活場面の対人関係の多くにおいては、非言語的な状況を読み取り、適切な判断をする必要があります。

この問題を解決するためには、特設された SST の指導では十分とはいえません。指導にあたっては、生活場面全体を通して流れている、他者とのかかわりの中で取り上げることが重要です。また、テーマとして実際の生活体験に由来するものを取り上げることも、重要なポイントとなります。

発達障害のうちでも ASD の子どもたちのなかには、規範や道徳的な価値を学ぶと、それが強い規範意識となって定着するので、他者の言動が規範からずれたときには強く非難したり注意をしたりする子がいます。自分のことを客観的にみることが苦手な傾向も特徴です。

「自分のことを棚に上げて、人のあら探しばかりする」と、周囲から非難されてしまう

こともあります。

特に衝動性の強い ADHD 傾向の子どもは、わかっているはずのことでしっかりやろうとしているにもかかわらず、他の刺激を受けると、思考の連続性が崩れ、やるべきことを忘れて、目の前のことに心を奪われてしまうこともあります。

ここで紹介する実践例は、一日の通級指導の中の一場面です。子どもたちが起こしたトラブルを意図的に組織化して取り上げたもので、子どもたちにとっては、「ある、ある。僕もそうだったんだよ」「うん、困ったんだよ」「なんで、あの子あんなに怒ったんだろう」などと、自分の経験に基づいて考えることができます。

しかも、困った行動をとった子ども役を教師が演じてみせることによって、気づいていなかった自分のまずさ・失敗を具体的に感じ取らせるようにしています。その後、子どもたちがその役を演じることによって、自分を責めることなく適切な行動を考えることができるように構成しています。規範や正しい行動を教え込むのではなく、ヒントを与え、体験的に学び取らせているのです（→ p.74 実践例①）。

●実践例②について

知的能力の高い発達障害児のなかには、周囲の子どもたちや、ときには大人でさえも圧倒してしまうほどの専門的な知識をもっていたり、テストなどですばらしい成績を収めたりする子がいます。

授業の内容は、特別な予習をしているわけでもないのに「一を聞いて十を知って」しまい、まわりが真剣に考えて問題を解いていることに気づかず、「遅いのは、やる気がないからだ」「怠けている、いい加減だ」などと決めつけてしまう子どももいるほどです。

自分にとっては関心事でも人にはおもしろくないということに気づかず、延々と自分の知識をひけらかす子どももいます。このようなことが日常的に続けば、当然のことながら、周囲からは、「自慢ばかりする、鼻持ちならないやつ」とみられてしまうでしょう。「心の理論」の障害のために、人の感情や情緒に気づきにくい ASD の本人にしてみれば、こんなに楽しいことに興味がもてない人がいるとは信じられないので、周囲の態度は不合理なものとしか受け止められないかもしれません。

このような子どもたちは、将来は障害のない子どもたち同様に、受験をして高等学校や大学に進み、就職して社会人になるという、一般的なコースをたどることが多いでしょう。ASD の人たちは、枠組みがはっきりした状況で最も力を発揮しやすい特徴があり、高いアチーブメントで偏差値の高い学校の入学試験に合格できます。しかし、勉強ができればよいというものではなく、人としての基本的な態度や習慣を身につけなければ、社会適応は困難になってしまいます。

多くの場合、年齢相応の態度や習慣は、友達との切磋琢磨やさまざまな失敗を繰り返しながら、ふだんの学校生活や家庭でのしつけで身についていきます。一方、社会的認知の障害がある ASD の子どもの場合には、たとえ好ましい友達関係が成立していたとしても、同じような傾向の子どもたちとのつきあいが多く、互いに影響し合うことは多くはありません。そのため、意図的に、自分と周囲との違いに気づき、まわりと合わせていくことを学び取らせないと、独りよがりの主張を繰り返す悪循環から逃れられません。

それぞれの年齢や発達段階に応じて、課題を明確化し、段階的に積み上げていくことが重要です。

能力に恵まれた ASD の子どもは、適切な指導やしつけを受けることによって、年齢相応の礼儀作法や言葉遣いを覚えて使うことはできるようになります。しかし、それだけでは、社会の中で一人前にやっていくには不十分です。この子たちの多くは、高学歴でよい成績で入社するかもしれないのです。当然、組織からは、リーダーとなって活躍することを期待されるでしょう。

将来的に、障害のない人たちと遜色なく生活していくためには、さらに、適切なコミュニケーション態度を身につけることが求められます。いわゆる SST のような活動では、その場限りの態度や知識に変化はみられますが、生活場面に活用する力にはなりにくいでしょう。周囲と自分の違い、能力差に気づき、かつ、謙虚に周囲と合わせて行動することを学ぶには、切り取った場面での指導だけでは十分ではありません。通級指導学級（教室）での指導の全体を通して取り組むと同時に、ソーシャルスキルや言語・コミュニケーションに特化した指導で取り上げる必要があります。（→ p.78 実践例②）。

●実践例③について

情緒障害等指導学級（教室）は、原則として教科指導は行いません。しかし、対象児のなかには、知的発達のレベルに比べて、算数の内容習得につまずきを示す子どもが少なくありません。状態像としては、「算数障害」であり、LD（Learning Disabilities：学習障害）のひとつです。

その要因として、いくつかが挙げられます。個々の子どもによって軽重はあるものの、背景となる要因に着目した対応を行わないと、高学年、中学生になってから深刻な学業不振に陥ってしまうことがあります。要因として比較的よくみられるものを、以下に挙げます。

1. 状況認知の困難、注意の振り向けの困難

算数の授業だけでなく、ほとんどすべての授業、業間指導、友人関係等に関連する、ASD や ADHD の基本的な困難です。

- 暗黙の了解事項に気づかない（社会的認知）
- 教師、クラスメートなど複数の人の発言から必要な言葉を抽出できない（刺激の過剰選択性：注意の振り向け）
- 板書とノートの物理的な距離で、どこを見ているか混乱する（注意の振り向けと持続）

2. 授業中の教師の言葉の理解の困難

- 機械的操作方法、キーワードで、一定のパターンを使って課題解決をしているだけである（指導方法や指導順序の誤りによる誤学習、言語発達の遅れ）
- 数量や数量の変化とイメージが結びつかない
- 算数用語が表す基礎的な概念が獲得できていない
- 言葉とイメージが一致しない、またはイメージ化できない

本実践は、算数に関係する言葉の概念がしっかりと定着しておらず、機械的な操作のみが獲得されている子どもたちに対して、算数の「分数」を題材にして、言葉と分数概念の一致を図った指導事例です。

算数を題材に取り上げていますが、この実践では、算数に関する言葉の理解とともに、在籍学級の授業参加の状態の改善を図るための工夫も行われています。比較的大きな小集団でのやりとりや実体験を伴う指導の展開によって、授業場面で不適応の要因である社会的認知の困難さや予測の困難さを軽減させようとしているのです。

今後の「教科の補充指導」の進め方の参考になるでしょう。報告の中から、抜粋して載せます（→ p.82 実践例③）。

実践例① 言葉の時間：こんなときどうしよう

1 対象児

中学年、知的レベルは平均から平均の下のレベルの ASD およびその周辺の児童 6 名

2 ねらい

(1) いろいろな状況における不適切な行動に気づくことができる

(2) 間違いを認め、訂正することができる

(3) どういう行動が適切なのか、自分で考え、行うことができる

> 心の理論の障害が顕著な ASD の子どもは、他者の視点でものを考えることに困難がある。自分の言動が、他者にどう受け取られているか気づかない子どもに、他者の演技を見ることによって、そのおかしさや問題点に気づかせ、自分との比較をしながら考えさせようとしている。ここでは、子どもの思いつきや発想が、やや焦点がずれていたり明らかに間違っていたりする場合に、それを頭から否定することはない。やってみておかしさに気づかせることにより、行動の修正を図るのである。教え込むのではなく、発達障害の子どもが得意とする、視覚的な補助や、動作化の体験によって、考えて行動する姿勢を養うことをめざしている。

3 対象児の実態

6 名の児童は、学年とおよその発達レベルは一致している。学年進行にともない教科学習の一部に困難が出てきている子どももいるが、言語・コミュニケーション行動に大きなつまずきはない。

在籍学級では、落ち着きがなく集団からの逸脱行動が顕著な子ども、反対に受け身的で大きな逸脱はないが切り替えが悪く、思いどおりにならないときや予想に反した状況に遭遇したときには拒否的になってしまう子どもが交ざっている。友達関係を求めてはいるものの、約束を忘れてしまったり暗黙の了解事項に気づかず勝手なことをしたりしてしまうことが繰り返されている。友達に責められることがあっても、本人は自分の言動に気づかずに非を認めないためトラブルになることが少なくない。

一方、こだわりが強く、自分が関心のあることは誰もが好きであると信じ込んでいて、興味を示さない友達に対しては、さげすむような態度をとったり批判的な言葉を言ったりする子どももいる。そのために、周囲からは、自分勝手で思い上がっているなどと非難されることすらある。

通級指導学級の中では、低学年からの指導により、仲間意識が芽生え、仲よく楽しくかかわることができるようになっており、休み時間には、ゲームやアニメなどの話をしてかかわっている。

4 指導の基本方針（題材設定の背景）

対象となる子どもたちには、日常生活場面で、以下のような失敗がたびたびみられ、在籍学級担任も保護者も、対応に苦慮している。そこで、子どもたちが実際に体験したことをテーマにして、自分の言動に気づかせたり、効果的なふるまい方を考えさせたりすることにした。指導にあたっては、実体験に近い状況を設定し、教師が出したヒントをもとにし、体を動かしたりセリフを言ったりしながら、実感をもちやすくして、徐々に自分たちで考えられるように仕向けていった。活動場面も、子どもたちが体験した状況に近い設定を工夫した。取り上げたテーマは、実体験を組織化したものである。

コミュニケーション・社会的状況認知に関する指導である。日常生活場面で子どもたちが出会うさまざまな場面を取り上げ、適切な行動を学ばせていく。年間を通して行っている指導の中から2回分を取り上げる。

①失敗体験

地域でよく知っている人に会ったときに、どうふるまえばよいか迷ってしまう。声をかけられても無視をする、必要以上に近づいたり割り込んだりして堅苦しいあいさつをしたりするなど、相手に違和感を与える行動をとってしまう。「知らない人に声をかけられても、ついていってはいけない」と教えられている子どもは、道で知らない人に声をかけられ、「危ない、人さらいだ」と言って相手を怒らせてしまうことがあった。「知らない人についていってはいけない」と知ってはいたが、初対面の相手に関心を示し、親しげに声をかけてその人についていってしまった子どももいた。これは対人的距離感や社会的状況把握の困難の結果起こるものと考え、一連の課題を設定した。

②実践例として取り上げたもの

学校で、クラスメートと、放課後公園で遊ぶ約束をした複数の子どもが、結果的に約束を破ってしまったために、相手から手厳しく非難されたことがあった。

一人は、規範意識が強く、約束を守らなければいけないことはわかっているが、他のクラスメートに会って遊びに誘われたら約束をしていることを忘れてしまった。約束を破って相手にいやな思いをさせたことには思いが至っていなかったため、あとで、相手と口論になってしまった。

もう一人は、上手に断ることができずに、誘ったクラスメートと行ってしまったために、約束をしていたクラスメートとトラブルになってしまった。誘ったほうが悪いというような言い方をしたために、約束があることを知らずに誘った相手も怒ってしまった。

どちらのケースも、自分が悪者扱いされる理由がわからず、自分がなぜ非難されなければならないのかと憤慨していた。社会的な場面でのコミュニケーションの困難さが背景にあると考えられる。

5 指導の流れ

(1) 指導体制：児童6名、指導者3名

(2) 指導の時期：2学期後半、1回20分、計7回実施

(3) 指導過程：右表

(4) 各回の指導流れ（指導の展開）
　①教師が演じた寸劇のおかしいと感じたところを発表する（寸劇はVTRをとる）
　②VTRで確認しながら、意見の交換をする
　③正しいと思う行動を他児の前で演じ、それについての意見を出し合う
　④振り返り

回	学習内容
1	知っている人に会ったとき①
2	知っている人に会ったとき②
3	知らない人に会ったとき
4	約束があるのに誘われたとき①
5	約束があるのに誘われたとき②
6	約束があるのに誘われたとき③
7	約束があるのに誘われたとき④

6　ある日の指導（第4回、第5回）

(1)　設定した状況：第4回　約束があるのに誘われた

　　　　　　　　　　第5回　断ったら、相手を怒らせてしまった

(2)　身につけさせたい行動の候補

　　○先約を優先する

　　○相手に説明して断る

　　○先に約束した友達に相談する　など、自分で解決方法を考えさせる

(3)　登場人物、配役

　友達A（教師①）

　友達B（教師②）

　主人公C（教師③⇒児童）

第1場面	ある日の放課後、Cは、友達Aと下校する。Aと、3時に待ち合わせることを決め、別れる
第2場面	3時5分前に約束の場所に行って待っていると、友達Bが来て、遊びに誘う
【課題】このとき、あなたはどうしたらいいかな	

●展開1：第1場面の演技（教師が演じる）

　Bに誘われて野球をしに行ってしまったC。3時に来たAが、Cがいないことに気づく。

「約束したのになんだよ！」（怒りの表情）

　→　児童の活動：Cの態度について考え、その根拠を説明する

　→　教師の演技：児童が出した意見をもとに演技をする

　　　○もう遊ばない！　と怒って立ち去る

　　　○強引に連れ戻す

　　　○CがBに、先約があることを伝え断る

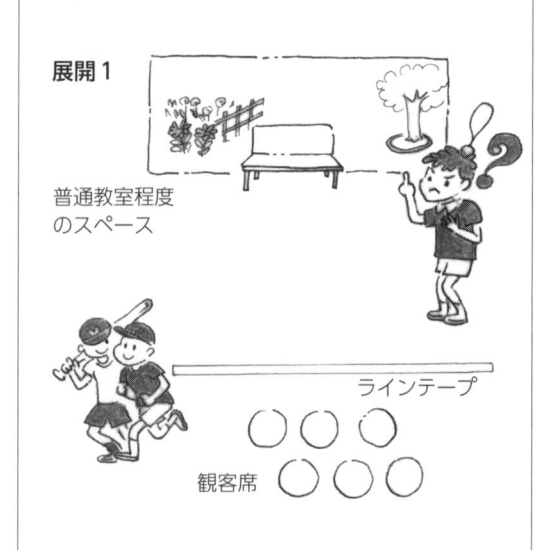

指導の環境設営

・普通教室程度のスペース

・臨場感のために、ホワイトボードに簡単な装飾を施す

展開1

普通教室程度のスペース

ラインテープ

観客席

●展開２：第２場面の演技　（Ｃを児童が交代で演じる）
　　　○誘われて行ってしまう
　　　○Ｂへの断り方を考えて演じる
　　　○Ａが来るまで待って、一緒に野球をしに行く

留意点
第１場面：表情、声の調子からＡの心情を想像する
　　　　　VTRで確認してもよい
　　　　　意見を出し合い、Ｃの対応の問題点に気づく
第２場面：演技カードを選ぶ
　　　　　演じ方を思いつかないときは、教師にヒントカードを要求してよい

総括と発展的考察

　「こんなときどうしよう」シリーズは、年間を通して、子どもたちが学校生活や日常生活の中で起こしがちなつまずきをテーマにしている。低学年グループでは、「留守番中に宅配便が届いたとき」「お母さんに電話がかかってきたとき」など、家庭内で子どもたちが出会うことを取り上げる。併せて、電話の応対の仕方を、校内の事務室や職員室の協力を得たり自宅にかけさせたりして、体験させていく。学年が進むにつれて、子どもたちに要求される社会的場面での判断力が複雑になっていく。社会性が伸びてくると、友達づきあいが広がるが、トラブルも増えてくる。発達段階に応じて繰り返し、積み上げていくことが大切である。

　指導方法は、グループでの体験的な活動を重視している。ASD や ADHD の子どもたちは、日常生活の中でよく出会う状況を描いた絵カードを提示し、その絵の説明をさせる指導を繰り返していると、的確に場面や状況を説明できるようになる。ワークシートなどで正しい行動や態度を選択させると、正解を出すことができるようになる。このことで、適切な社会的行動を理解できたといえるだろうか。多くの発達障害の子どもたちは、知識は知識として蓄積されるが、実際の場面でそれを使うことには困難が生じる可能性がある。

　生活場面で実際に体験していることをテーマに取り上げ、劇化することによって、生活場面での実践的な行動の生起へとつなげている。本指導の中では、教師は視覚的な補助を用意している。しかしこれらは、子どもが困って援助を求めるまでは提示しない。必要以上のヒントを与えてしまうと、子どもは考えを深めることをやめてしまう。試行錯誤をしたり、友達の意見や行動を模倣したりしながら、自分のやり方を微調整し、状況に応じた適切な行動を探させることを重視した実践である。

実践例②　言葉の時間：皆の心をつかむのはどっちだ!?　ディベート大会!!

1　対象児

4、5年生6名、平均から優秀レベルの ASD、ADHD

2　本単元設定の理由と指導のねらい

このグループの子どもたちには、一連の話し合いや相談活動の指導を通して、協力する態度の育成をめざした指導を行ってきた。その結果、話し合いの基礎的な流れと方法は定着してきたが、それぞれに自己主張が強く、相手の意見を受け入れずに途中で遮ってしまったり、自分本位な考え方を押し通そうとしたりする態度は、十分には改善していない。どの子どもも、言語表現は豊かで、滔々(とうとう)と自説を述べ、相手の意見に批判的な発言をしたり、「関係ない」と言い切ってしまったりすることもある。

そこで、子どもたちに共通する関心の高いテーマを取り上げ、それぞれの立場に立って意見を言い合うディベート形式の話し合いを取り入れた。

指導にあたっては、一般の話し合い活動と異なり、立場の明確化、必要な情報収集（事前学習）をすることにより、自分の興味・関心や価値観から離れ、冷静な話し合い活動を展開しやすくした。さらに、説明の際には、「理由をつけて意見を言う」「相手の話に沿って考える」ことを重視した。

3　対象児の実態

(1)　在籍学級

学力面での深刻な不適応は少ないが、状況認知が困難で、逸脱行動や不快感を与える言動が目立つ。

独りよがりの主張や他者批判のため、対人トラブルが多い。

興味・関心のあることには専門的な知識があるが、同年齢の子どもとの関心のずれが大きい。

(2)　通級指導学級

休み時間に皆で一緒に遊ぶ活動、掃除や給食準備の活動など、繰り返し指導を受けたことでは、自発的な声かけや協力ができる。

4　指導の流れ

(1)　本学級の生活時程

①指導時間：9:00 〜 13:30（高学年の一部児童は 14:30 下校）

②一日の流れ（右表）

注)

・用語は子どもたちにわかりやすいものを採用している。

・設置校の時程表とは異なる。

一日の流れ
1時間目　個別の時間
2時間目　はじめの会
3時間目　ことばの時間（○○タイム）
4時間目　運動の時間
5時間目　給食、清掃
6時間目　かえりの会
7時間目　（個別の時間）

・指導の開始時刻は設置校の 1 校時よりも遅れることが多い。

・「1 時間目」の開始時刻は、子どもの到着時刻によって異なる。

・「5 時間目」給食、清掃は自立活動

③各授業について

　個別の時間：交通事情等で登校時刻にばらつきがあるため、最初に個別指導の時間を設定している

　はじめの会：個々に本日のねらいを決め、達成のための工夫や努力の仕方を考えさせる
　　　　　　　それぞれが発表し、グループメンバーと共有する。

　ことばの時間：言語・コミュニケーション指導を、グループの実態に応じて行う

　運動の時間：感覚統合、コミュニケーション、協力、自己理解の課題を中心に組み立てる

　給食、清掃：自立活動の指導のひとつとして位置づけられたもの

　かえりの会：一日の振り返りと評価を行い、次回の学習について知る
　　　　　　　自己評価と他者評価により、個々のねらいについての振り返りと他児の評価を受け入れ、自己理解を深める
　　　　　　　達成できなかったこと、十分でなかったことの改善点を考えさせる
　　　　　　　次回の通級時の活動内容を知る。各自のねらいや課題を考えさせる

　個別の時間（高学年の一部児童）：自己理解、進路などについて考えさせる

(2)　本グループのコミュニケーションの指導年間計画

指導期間	活動名	活動内容
4 ～ 5 月	地図作り	場所が書かれたヒントをもとに、グループで話し合って、地図を完成させる
5 ～ 6 月	ヒント作り	2 対 2 のペアに分かれて話し合い、相手ペアに解いてもらう地図作りのヒントを考え、お互いのチームで解き合う
6 月後半	問題作り	全員で地図作りの枠にレイアウトし、問題を作る段階から話し合う
7 月	校内オリエンテーリング	ペアで相談して指令をクリアし、全員で地図作りや人文字作りなどの課題を達成する。
9 月	リクエストゲーム	児童 1 人がゲームリーダーとなり、みんなで楽しめるゲームを準備し、進行する
10 月	ディベート大会	2 チームに分かれ、テーマのよさを主張したり反論したりして、どちらがより説得力のある主張ができたか勝敗を決める
11 月	（以下省略）	

5　授業の実際（抜粋）

●指導計画

7時間扱い

各回約35分（「はじめの会」から続けて行うため、開始時刻は日によって多少ずれる）

時程	ねらい	方法と主張する内容
第1時、第2時	知る・慣れる ディベートのやり方がわかり、最後まで活動を楽しむことができる	教師が提案した2つのテーマからそれぞれのチームにくじで選ばせる 第1時：夏か冬　　第2時：鳥か魚
第3時〜第7時	深める 自分の意見を伝えたり相手の意見を受け取ったりしながら、最後までディベートを楽しむことができる	2つのテーマのどちらをやりたいかアンケートをとり、グループを決定 第3時：海か山　　第4時：ペットにするなら　犬か猫 第5時：家族で旅行に行くなら　電車か車 第6時：住むとしたら　一軒家かマンション 第7時：特殊能力を身につけるなら　「空を飛ぶ」か「水中で息ができる」

●展開（第7時）

学習活動	指導と支援のポイント	個々の児童のねらい
●チームごとに主張を3つ話し合う ●話し合った主張をチームごとに発表する ●チームごとに反論する内容を話し合う ●相手チームの反論を受けて、答える ●判定を聞く	●主張の整理のためにワークシート・短冊を活用させる ●話し合いが進まないときは支援やアドバイス ●タイマーで時間を意識させる ●適宜個別の声かけをする	（省略）

●教材、板書

○ワークシート
　チームの主張の記入

○短冊　同上
　他者が読みやすい工夫をする

○ヒントカード
　「話し合いのコツ」
　必要に応じて掲示

○情報メモ（事前に調べたこと）
　必要に応じて掲示

今日のテーマ　ディベート名人への道

Aチーム　　　　　　Bチーム

「空を飛ぶ」　　　　「水の中で息ができる」

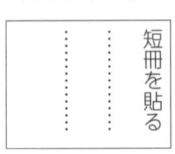
短冊を貼る

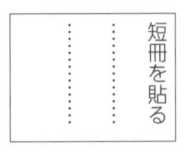
短冊を貼る

空きスペース

必要に応じて、カード、手順表などを掲示する

それぞれの意見の説明（主張）、と反論、反論への主張、さらなる主張や反論などを教師が板書……

6　指導の結果（子どもたちの変容）

●第1時、第2時
　主張が出にくい。あるいは理由が浅く表面的

●第3時〜第7時
(1)　振り返りカードからの抜粋
　　　A：ほかの人でも書ける、言える内容で伝える
　　　B：例を挙げて説明する

> 相手に通じるやりとりの仕方を工夫する様子がみられる

　　　E：相手の考えのいいところを探す、代わりの意見を出す
　　　C：時間を気にしてまとめる（←夢中になると長々と

> 自分の課題に向き合う姿勢がみられる

　　　　　話し時間に気づかない）
　　　D：最後まで話し合いに参加する（←つまらないと感じると拒否的な態度になる）
(2)　チーム主張カードから（各チーム3点にまとめて発表。その中から原文まま）
　　　「空を飛ぶ」チーム：地震や津波などの大きなさいがいからのがれられる
　　　「水中で息ができる」チーム：間近で魚などにふれあいやすくなる
(3)　指導後の子どもの変容（在籍学級への汎化。一部）
　　　A：学級会で、自分対他全員でも論破しようとしていた
　　　　→引くこと、折り合いをつけることができるようになった
　　　B：思いどおりにならないと文句を言っていた
　　　　→文句を言わないようにしようとするようになった

総括と発展的考察

　知的能力の高いASDは、周囲が自分のレベルに達していないことに気づかず、人の意見に耳を貸さないために、トラブルになってしまうことが少なくない。低学年のうちは、勉強がよくでき、正義漢で、高い言語能力で説明をするので、一目置かれることもあるだろう。しかし、学年が進むにつれて、ASDの子どもたちの横柄な態度や、尊大なふるまいをすばらしいとばかりは受け止めなくなるだろう。

　子どもたちが決めたテーマは「空を飛ぶ」「水の中で息ができる」という、現実には不可能なことだった。もちろん、これが不可能であることは十分知っている子どもたちである。それにもかかわらず、このテーマを選んだ背景には、飛ぶことに関心の強い友達、水中生物に詳しい友達、気象に関心が高い友達がいることを、日頃から一緒に学習をして知っていた事実がある。対人関係のとり方が薄いといわれるASDの子どもたちだが、一緒に生活する中で、互いのことに関心をもつようになっているのであろう。

　あり得ないことを実現させるには、どんな工夫が必要だろうか。ASDの大きな特性である「想像力の欠如」（同一性保持）の症状が顕著な子どもたちにとって、架空のことを想像しながら考えをまとめること自体が、大きなチャレンジだ。しかも、決まったテーマは、必ずしも自分が得意なことではない子どももいるかもしれない。しかし、チームで考えることを通して、自分の発想にないことに触れ、テーマに関心をもつようになっていった。

　他者の視点に立ったり視野を広げたり妥協したりすることを、体験的に学ばせた実践といえる。

実践例③　分数の学習における言語の概念指導

1　対象児

中・高学年の児童 13 名

(1)　A グループ

　9 名：平均から平均以上の知的発達の ASD およびその周辺の児童

(2)　B グループ

　4 名：落ち着きのなさや自己調整の課題がある境界線から平均の下の知的発達の児童

2　ねらい

(1)　小集団への適応力および参加態度の育成

(2)　分数の初歩的な概念理解

(3)　作業技術：包丁の使い方

　数概念を通常の学級での指導で習得しにくい子どもにとって、通級指導で取り上げ、わかったという実感がもてることは大きな喜びだろう。しかし、通級指導や巡回の個別指導でわかったことが、在籍学級の授業に生かせるとは限らない。すでに大きな学力差が出ている子どもや、学年が進んでいる子どももいる。学力向上は、通級指導の目的ではなく、在籍学級での指導の工夫が求められる。

　通級指導では教科そのものを教えることはないが、子どもの関心が高く、意欲的に取り組めることは題材として取り上げる。ここでの指導は分数を題材としているが、教科としての分数指導ではない。本指導のおもな目的は、言語概念の形成、通常の学級での授業参加に必要な基本的態度の育成と対人行動の改善と向上、および、多くの発達障害の子どもにみられる感覚統合の課題の改善と向上である。

3　対象児の実態

(1)　A グループ

　ASD（当時の診断名は広汎性発達障害；PDD）および、その疑い。ADHD、ADHD 症状を伴う PDD。未診断で、対人認知や社会的認知の課題が顕著な子どもを含む。

　知的発達は、WISC- Ⅲ またはⅣで 85 以上、110 を超える子どもも含む。

　知的能力に比べて、学力の困難が大きい LD 症状を示す子ども、在籍学級での対人トラブルが多い子ども、忘れ物ややりっぱなしなど、自己管理が十分でない子どもたちで構成されている。

(2)　B グループ

　落ち着きのなさや集団逸脱行動が目立つ子ども、大きな逸脱はなく周囲の様子をみながらワンテンポ遅れて行動する子どもで構成されるが、学年進行とともに学力の問題が顕著になってきている。

※本指導は A、B の合同学習。通常は、課題によっては、それぞれのグループで指導を行う。

　対象児は、在籍学級での分数の授業は、すでに受けており、計算はできる子どももいる一方で、知的能力は高いにもかかわらず意味がわかっていない子が多数いる。このグループの中には発達がやや遅れがちの子も含まれるが、通分のない基礎的なレベルでは機械的な分数の計算はできている。

　しかし、知的能力は十分に伸びており、日常の言語活動に支障がないようにみえる子どもであっても、3 分の 1 はわかっても、日常生活場面で「3 つに分けておいて」と言われて混乱してしまうことがある。発達差の大きい A、B のグループだが、算数の学力は低くても日常の数的な処理はできる子どももいる。この実践は、機械的な学力向上をねらった指導ではないので、学力差自体には主眼をおいていない。合同で学習をすることにより、それぞれが互いを認め合い、受け入れながら、対人行動を改善、向上させることもねらいとしている。

算数の「分数」を題材にして、言葉と分数概念の一致を図った指導事例である。今後の「教科の補充指導」の進め方の参考になるだろう。報告の中から、抜粋して載せる。

4　指導の流れ

(1)　時間：週1回、3・4校時

(2)　指導者4人（指導者1、補助者3）

5　授業の展開（概要）

教材・用具：リンゴ、包丁、絵カード

●展開1／リンゴを切る活動を通して「言葉とイメージの一致」を図る

①リンゴを半分に切る。

言葉とイメージの一致

「半分」→「2分の1」→ $\dfrac{1}{2}$

②半分に切った1つを、また半分に切る

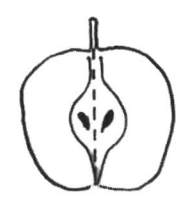

言葉とイメージの一致

「半分の半分」→「4分の1」→ $\dfrac{1}{4}$

③…………

（以下略）

> 授業者は、子どもたちの実態から、次のような工夫をしたと報告している。
> **実物とカードを用いた**⇒視覚化
> ※ただし、必要以上の活用は、子どもの考える姿勢を阻害するので控える。
> **リンゴを切る作業**⇒体験、活動を通して、だんだん小さくなっていくことを実感させながら、算数用語と結びつける
> 　ア　わかりやすい提示の工夫
> 　イ　知識先行でなく、具体的な体験を通して考える、イメージをもつことにより、概念化と広がりを促す
> **障害特性**：パターン化した言葉は覚えるが概念化しにくい。体験を通して考えると定着しやすい
> →活動・操作をさせ、言葉をあとから重ねる方法をとっている。その際には、話をするだけにはしないで、図と文字を用いて正確にとらえられるように工夫している

> 算数用語（2分の1、4分の1……）を使う前に
> ○視覚的に確認させ言葉とイメージの一致を図る
> ○イメージ化をさせてから算数用語（分数の名称）につなげることで、用語の独り歩きを防ぐ
> ○見ながら比べる、試行錯誤することで、パターン化を防ぐ
> **障害特性**：視覚優位を生かす、体験的に考える、パターン化しやすい

●展開2／大きさ比べ

大きい順に並べる

言葉とイメージの一致	「全部」	→	「半分」	→	「半分の半分」
分数の名称	1	→	$\dfrac{1}{2}$	→	$\dfrac{1}{4}$

6　グループ学習について

　個別ではできるが集団では困難な子どもの実態への対応として、比較的大きく、異質なメンバー構成による集団を設定した。その意味は、以下のようである。

(1)　在籍学級の一斉指導に近い状態で、汎化を容易にする

(2)　授業の決まりや約束事を守りながら、集団活動の楽しさを体験し、在籍学級での適応状態の改善を図る

(3)　協力して作業をしたり、すでに経験を重ねて上手にできる友達を前向きに受け止めたり、困っている友達に手助けをしたりさせることによって、社会性の育成を図る

(4)　自己理解への援助をめざすために、次のような配慮を行う。がんばっているところを認めたり、失敗してもめげないような評価を心がけたりして、自分の言動を肯定的に受け止めさせると同時に、上手な友達のようにがんばりたいという思いを抱かせる

7　分数概念の学習について

○6年生レベルの分数の計算ができるが日常生活場面で半分がわからない等の実態を改善する
○使えるようにしていくことを重視する

8　包丁を使った作業について

○「危ない」ということを、体験的に学ばせる。⇒自発的な注意の喚起と集中力の育成
○共同作業による、仲間意識の芽生え
○通級指導学級としては指導者数が少ないTT体制下での、安全面への具体的な配慮

総括と発展的考察

　多くの場合、グループ編成にあたっては、グループの構成員の質を合わせようとする。しかし、実際には、意図するとおりに構成できるわけではない。この実践では、あえて異年齢、均質でない集団構成とし、その指導の進め方や、思いがけない効果についてまとめている。

　また、13名というのは、通級指導学級（教室）としては大きな集団編成である。通常は6〜8名程度が理想的と考えられているが、ここで大きな集団としているのは在籍学級の実態に近づけているためである。だいたい25〜30名程度で構成されている在籍学級の授業形態に合わせて、小集団から中集団へと大きさを工夫し、適応行動の形成を図るとともに、汎化を容易にしている。

　指導にあたっては、必要以上の手出し、口出しなく、教材や授業の流し方の工夫も行っている。これによって、子どもたちは、いやでも考えなくてはならなくなる。また、熟達した者、経験のある者がリーダーとなって助け合うことも、自然発生的に出てくる。こうして、集団活動の楽しさ、仲間意識、自他の違いを体験させている。

　ASDやその傾向のある子どもは、パターンで教える、やさしく段階的に教える、言葉を教え込むなどすると、効率よく学習し定着するようにみえるが、字義どおりの受け止め方やパターン化した操作方法の習得にとどまることが少なくない。教師の手本や映像等での視覚化ではなく、作業を通して、視覚的にイメージをふくらませることによって、抽象的な概念理解を図っている。ちょっと危ない、おっかない作業を共同で行い、仲間意識や共感的なかかわりの育成、注意の喚起など、障害の本質に迫っている。

通級｜　教科補充　集団｜

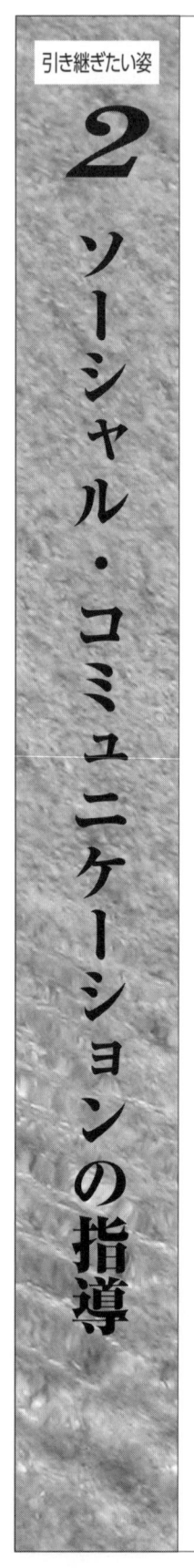

引き継ぎたい姿

2 ソーシャル・コミュニケーションの指導

年齢が上がるにつれて、要求される社会的行動のレベルは上がります。そして、ASD を中心とする発達障害の子どもにとっては、ますます困難の度合いが強まります。そういう将来を見越した適切な指導をしていくことで、深刻な不適応や誤学習を防ぐことができます。

〈実践例〉
④自己理解・他者理解の一連の指導から→ p.90

1）社会的行動の習得に困難を示す子たち

■将来は一般社会で生活していく

　情緒障害教育開始初期と大きく異なることが起きています。そのひとつが、今日情緒障害等通級指導学級（教室）に通う子どもたち、特別支援学級で指導を受ける子どもたちの大半は、総体的な知的発達には遅れがなく、通常の学級の教育内容をおおむね習得可能であるということです。

　将来的に、福祉的な支援を受けることなく、一般社会の中で生活していく可能性が高い子どもたちといえます。しかし、社会的認知の障害や同一性保持の特性は、知的発達のレベルや年齢の差はあっても、ASD の人たちの基本的な特性として存在し続けます。

■理解されにくいつまずき

　明らかな障害があり、自分の力では自立が困難な人に対しては、周囲がその人の困難に気づき、手助けをしてくれることが少なくありません。一般の人たちは、一見すると特別なつまずきが感じられない人たちに対しては、特徴的な行動を「勝手」「わがまま」「非常識」などとみて、非難したり攻撃をしたりしてしまいがちです。

■行動特性が違和感や不快感を与えることも

　一部の能力的に恵まれている ASD の子どもたちは、自分の高い成績を自慢したり人の話を聞かず自分の言いたいことばかりを言い続けたり、人の言葉にいちいち過剰な反応をして相手を傷つけてしまったりする傾向があります。自分がよいと感じていること、正しいと考えていることを強く主張して、周囲の顰蹙（ひんしゅく）を買ってしまったり、馬鹿にしているという印象を与えてしまったりすることもあります。また、誰もが自分と同レベルで物事を理解しているはずという思い込みから、自分のような達成ができない人を、怠け者、ちゃ

らんぽらんなどと非難し、嫌われてしまうこともあります。

年齢の高い ASD の子どもたちの多くが、小学校時代を振り返って「いじめられた」経験を訴えます。いじめ自体は、たとえどんな理由があっても許されることではなく、適切な指導が必要です。しかし、ASD の子どもたちが関係するいじめ問題の背後に、周囲に違和感や不快感を与えてしまう行動特性が隠れていることもあり、指導にあたっては十分に配慮する必要があります。

■ 適切な行動は年齢や生活場面で異なる

社会的な行動に関する要求は、年齢によって、生活場面によって、変わります。

ごく幼い時期なら、向こうから来るふくよかな女性を見て「あのおばちゃん、すごく太ってるね」と言っても、相手はそれほどいやな顔をしないで、笑って通り過ぎるかもしれません。しかし、同じようなことを、お茶を出しに行った会社員が来訪者に言ったら、もしかしたら、成立しかけていた商談がご破算になってしまうかもしれません。

保育園で、女の子とくっついて絵本を見ている男の子の姿は自然です。しかし、もし男子中学生が、女子生徒が見ている本に関心をもって、背中から覆いかぶさるようにして見ようとしたとしたら、「キャー、エッチ！」「変態！」などと、大騒ぎになってしまいます。社会人であれば、痴漢と間違えられて、警察に通報されてしまうかもしれません。

2) 指導にあたってのポイント

■ パターン化して定着する前に

これらのどれをとっても、「心の理論」や「社会的認知」の障害がある ASD 本人はその問題点や周囲の目に気づいていないために起こってしまうことです。それが、しっかりと認識をもたずに繰り返されてしまうと、自分の言動の誤りや問題がパターン化してしまい、本人にとってはあたりまえの行動になってしまうことになります。こうなる前に、適切な行動を身につけさせることが重要です。一度誤学習した行動や習慣は、パターン化して定着し、それを消去したり他の形に変えたりすることには、膨大な時間と労力を必要としてしまいます。

■ 教え込み、叱りつけは逆効果

その一方で、周囲と自分との違いに違和感をもち始めると、その原因を客観的に説明しようとして、必要以上に自分自身をネガティブに感じたり疎外感をいだいたりする傾向もあります。到底、肯定的自己感など、もてるはずがありません。結果的に、自己卑下をしたり、集団場面を避けようとしたりすることもあります。

思春期以降の ASD の子どもたちのなかには、自分一人でなんとかしようと苦しみ、周囲の助言や意見に耳を貸さなくなる子も少なくありません。ADHD 症状がある子どもの場合には、まわりの人に対して攻撃的な言動をしたり、過激な刺激を求めることで苦しみを解消しようとしたりすることもあります。

発達につまずきのある子どもたちの不適応や非行の背景には、自己認知のゆがみ、他者の助けを上手に得られない障害特性が隠れていることがあり、規範や常識的行動を教え込んだり、叱りつけたりするだけでは、かえって逆効果になることすらあります。

■ 自己理解の深化と適応行動の形成、両面から

第 1 部でも述べたように、ASD や ADHD の子どもに対しては、対人行動の改善、社会的行動の育成をめざした SST だけでは、知識として蓄えることはできても、場面や状況に合わせて使うことは困難です（→ p.34 〜 p.36）。社会的場面で、適切な状況判断ができるようになるには、スキルを身につけるだ

けでは不十分です。

　自分の特性を知り、特性を生かした、あるいは特性に合わせた、行動の仕方を考えられるようにすることが重要です。将来の社会生活にまで生かせるような、自己理解の深化と適応行動の形成の、両面から迫るような指導が重要です。

●実践例④について

　思春期以降の ASD の人に、小学校時代を振り返ってもらうと、大半の人が「いじめられた」と言います。実際に深刻ないじめがあったケースもありますが、なかには、誰に聞いても、そんな事実はなかったというケースもあります。障害特性の視点でみれば、いろいろなことがいえるでしょう。社会的認知の障害による受け止め方の違い、コミュニケーションの稚拙さなどに起因すると考えられますが、「特性だから仕方がない」ですまされることではありません。

　「いじめられている」と感じているときの、その人のつらさはきわめて深刻なものである可能性を、指導者は考えなければいけません。知的発達のレベルが高く学習面での大きな困難を感じていない子どもであっても、対人場面でのうまくいかなさは、その子の学校生活をつらく悲しいものにしてしまいます。それらの結果、うまくできない自分を責め、自分を否定的にしかみられない子どもになってしまうことすらあります。

　なぜ自分が責められるのか、仲間はずれにされるのかわからず、いらいらしている子どもやうつうつと学校生活を送っている子どもに対して、その「なぜ」に答える指導こそが、本当に効果のある SST だといえるでしょう。「なぜ」の背景には、他者の言動が察知できず、まわりが自分をどのようにみているかに気づかない、「心の理論」に由来する課題が

あります。例外を受け入れられず、常に原理原則にこだわったり自分なりの価値観がすべてと思い込んだりしていて、周囲とのずれに気づかないこともあります。

　ここで紹介する実践例は、自己理解を促すことを目的としたものです。本実践で大事なことは、自分を知り理解するためには、他者のことも理解する必要がある、という視点から、指導を展開していることです。自分を客観的に理解する力は、他者との違いに気づき、自分を振り返ることができるようになると、深まっていきます。

　子どもの年齢や知的発達の状態によって、自己理解・他者理解の指導は異なります。

　自他の違いに気づいていないか、大人の態度で感じ取る程度の未熟な低学年の子どもは、自他を客観的にとらえて違いに気づくことは難しいでしょう。この発達段階の子どもたちは、できる・できない、上手・下手など、結果がはっきりしたものについての認識から、自分を知っていきます。

　学年が上がるにつれて、通常は 5 年生ぐらいからメタ認知が発達してきます。この時期は、ピアジェ理論でいう形式的思考が芽生えてくる頃で、自分の内面への気づきが生じるとともに自分の思考の特性や傾向を客観的にとらえられるようになってきます。大人の思考に近づいてくるのです。しかし、他者との違いに気づきはするものの、発達障害の子どもたちのそのとらえ方は非常に主観的です。

　ここでは、内面的な「気持ち」に注目し、共通するシンボルである言葉で他者の心の内面をうかがったり、日常的に一緒に学習をしている友達のことを考えたりさせています。知識として教えるのではなく、活動を通して、友達の考え方を推測したり、自分のやり方や感じ方と比べたりしながら、自他の違いを認識させていきます。体験的に学ぶことによっ

て、知識の蓄積に終わらず、子どもの内面に
しっかりと定着させることをねらっています。

　高学年のグループを対象とした一連の指導
の中から2つを取り上げます。（→ p.90 実践
例④）。

（→ p.90 実践例④）

● Column

社会的認知の障害による困難は、生涯続く

社会的行動は新生児室で始まる

　ASD の心の理論の障害、マインドブラインドネスといわれる特性は、その人の人生の中で、常に現れる社会的なつまずきの要因となり、社会適応を困難にする大きな原因となっています。これらは、検査では測りにくいさまざまな状況で現れます。

　人生最初の社会的行動は、新生児室で現れるといわれます。誰か一人がオギャーと泣くと、ほかの赤ちゃんもいっせいに泣き始めます。重い聴覚障害や ASD の赤ちゃんは、この反応が出にくいのです。聞こえない子どもは当然ですが、聞こえていても社会的な反応に乏しい重い ASD の子どもは泣きません。

　言葉の獲得前の乳幼児段階でも、子どもは母親の状況を察して、さまざまな反応を返してきます。母親の気持ちに反応してにこにこしたり不機嫌になったり悲しんだりします。共感性に乏しい ASD の子どもは、人生の早い時期から、母親に対してあまり多くの反応を出しません。

社会的行動の複雑化と不適応

　幼児期から小学校低学年ぐらいまでは ADHD 症状が顕著だった子どもが、行動面で落ち着き始める中学年ぐらいから、集団場面での不適応が大きくなっていく例が少なくありません。

　このころからは子どもたちの社会的行動が複雑になり、暗黙の了解を察したり、変化が大きい周囲の状況をすばやく読み取ったり、あいまいで省略だらけの複雑な会話場面で相手の意図を察知したりすることが求められるようになります。友達関係のトラブル、誤った状況判断などは、周囲の子どもたちから「自己中」「無神経」とみられ、ASD 児本人は、うまくいかない自分に対して困惑をし、自己評価を下げてしまうこともあります。

社会的な困難がひどく障害とわかる例も

　成人になるとさらに複雑です。場にそぐわない言動でまわりを困らせていることに気づかない、自分の考えが絶対に正しいと主張して顧客の注文に応じられない、異性に対して節度のある行動がとれない、などの社会的な困難を引き起こすことがあります。

　年功序列で管理職になった上司の能力を鋭く指摘して顰蹙（ひんしゅく）を買うようなこともあります。このような言動のために職場で不適応になったり家庭生活に支障をきたしたりして、上司や配偶者に伴われてクリニックを訪れ、ASD と診断される例に出会うこともしばしばです。

　社会性の指導は、家庭と学校や療育関係者が協力して、それぞれの発達段階に応じた対応を積み重ねることによって、将来の社会生活に必要な態度を育てることが重要です。

実践例④ 自己理解・他者理解の一連の指導から

1 対象児

知的発達が平均レベルの高学年の ASD 児、ADHD 児

2 指導の流れ

小集団指導の実践項目は下表のとおり

No.	分類	項目（テーマ）	
1	運動（基本の動作）	水平系の運動・注視・追視	感覚統合理論に基づく、体づくりの学習。自分の体をしっかりと認識でき、使いこなせると、周囲と自分の関係を理解しやすくなる
		ボディイメージ	
		いろいろ走	
		バランスボール	
	（チームプレイ）	2人組みの運動	取り上げている内容は基本的な体づくりだが、相手や仲間を意識した活動。競争や目標達成の相互評価など、社会的認知の課題を取り入れた、ゲーム的な取り扱いもする
		ボールを使った運動	
		チームワークゲーム	
		長縄	
		いす取りゲーム	
2	自己理解・他者理解	マナー ●	マナーは教え込むものではなく、体験的に身につけるもの。感覚・感情という目に見えないものを表す、共通のシンボルである言葉を獲得することで、他者と自分の心を照合しやすくなる
		感覚の言葉	
		感情の言葉	
		自分や友達のこと	
		自分の課題への意識	
3	人とのかかわり	非言語でのかかわり	
		ソーシャルスキル ●	ここでいうソーシャルスキルは、社会生活に必要な知識や態度。コミュニケーション場面で重要な視覚的情報の把握や、相手の意図を読み取って駆け引きをする、主張するなどの力も育てる
		いろいろなゲーム	
		相談や話し合い	
		フリートーク	
4	その他	学習態勢・キーワード ●	集団参加、学習の基礎的課題
		給食・掃除 ●	すべての学習の応用場面といえる
		中集団学習 ●	実践例③参照

3 対象児の実態

年齢相応の知的能力があり、教科の学習での著しい困難はない子どもたちである。在籍学級で

は、友達関係を求め、誘い合って遊びたいが、コミュニケーションが上手でないために、うまくかかわれない。ときには、周囲に違和感や不快感を与えてしまい、仲間に入れないこともある。

　自分の状態や課題をしっかりと認識できておらず、上手な人とのかかわり方を身につけることの必要性を強く感じてはいない。学習や仲間とのかかわりは楽しく、満足できるのだが、まわりの目を気にして、授業を抜けて通級指導学級へ行くことをいやがってしまう子どももいる。

4　指導の実際

●実践その1／感情の言葉

1　ねらい

(1)　気持ちの言葉を知り、自分の気持ちを言葉で表現する

(2)　他者の気持ちを推測しようとする

2　指導方針および留意事項

　「よい子」を装うのではなく、自分の思いを素直に表現することを大切にし、人それぞれに感じ方や考え方が違うことに気づき、肯定的自己感や他者の受け入れの気持ちを育てるため、以下の点に留意する。

(1)　どの意見にも間違いはないことを伝える

(2)　ネガティブ感情を上手に出すことも大切であることを伝える

3　活動の流れ

(1)　どんな気持ちかな

　　絵カードや写真を見て、その人の感情を考える。

(2)　気持ちぴったんこクイズ

　　気持ちを表す言葉を挙げ、その気持ちになった自分のエピソードを記入する。

　　友達のエピソードを聞き、相手の気持ちを想像する。

気持ちぴったんこクイズ
のワークシート

```
　　　　　　気持ちぴったんこクイズ

　　月　日（　）名前＿＿＿＿＿＿＿＿＿

どんなときに
┌─────────────────────┐
│　　　　　　　　　　　　　　　　　│
├─────────────────────┤
│　　　　　　　　　　　　　　　　　│
├─────────────────────┤
│　　　　　　　　　　　　　　　　　│
├─────────────────────┤
│　　　　　　　　　　　　　　　　　│
├─────────────────────┤
│　　　　　　　　　　　　　　　　　│
└─────────────────────┘
どんな気持ちになった

```

●実践例その2／自分や友達のこと（1学期の指導から）

1　ねらい

⑴　友達のことをよく知り、かかわりを深める

⑵　自分と違う考えや感じ方があることを知り、受け入れる

⑶　自分の得意・不得意を理解する

2　指導方針および留意事項

　実践例②の発展として、相手の気持ちに気づいたときに、どのようにふるまえばよいかを考えさせる。

　低学年時から続けてきた自己理解・他者理解の指導の成果の確認をする。

3　活動の流れ

第1段階

指導の流れ	テーマ：活動内容	児童の活動	指導上の留意点・期待する児童の反応
通級指導初日	自己紹介（口頭項目提示：ホワイトボード）および、自己紹介カードの記入		どのようなやり方でも、自己表現できたことを評価する
第2回	共通点探し	ペアになって互いの共通点をワークシートに記入	自己紹介カードは、ホワイトボードに掲示し、いつでも見合えるようにする
		自己紹介カードの記入事項から「あたり」をつけて質問し合う	
	どっちがいい？	与えられた「お題」のどちらがいいかを記入。理由を発表する	考えは多様で、自分と同じことも違うこともあることに気づかせる

第2段階

指導の流れ	テーマ：活動内容	児童の活動	指導上の留意点・期待する児童の反応
第3回から	通級に来る目的	自分は何を学びに通級指導学級に通っているかを考える	各自が、通級での努力目標を具体的に考える
	リーダー決め	グループリーダにふさわしい人を考え、その理由を発表する	目標に向かって努力する姿、がんばっているところなど、他者のよいところに注意を向ける

	気持ちぴったんこクイズ（発展版）	実践その1よりも複雑かつ具体的なエピソードについて取り上げ、そのときの友達の気持ちを考え、発表し合う	努力目標（多くが在籍学級での不適応の改善）の解決方法を、自分の経験と照らし合わせながら、相手の立場で考える
	お悩み相談	困っていること、悩んでいることを話題にし、友達の気持ちに気づいたり、解決方法を考えてアドバイスしたりする	相手がいやな気持ちにならないような表現の仕方で伝える 友達のアドバイスは、素直に受け入れる

第3段階

指導の流れ	テーマ：活動内容	児童の活動	指導上の留意点・期待する児童の反応
学期のまとめ	まとめのワークシート		

総括と発展的考察

　小集団指導自体が、社会的認知能力の向上や社会的行動の育成をめざしたもので、そのための課題として、「2　指導の流れ」に示した表の内容との関連をもたせた実践である。

　私たちは、「痛み」とか「かゆみ」「空腹」などの感覚を感じたときに、「痛い」「かゆい」「おなかがすいた」と表現する。体の中の感覚を、人はどうして同じ言葉で表現できるのだろうか。母親はどうして、子どもの感覚に気づき、言語化するのだろう。このあたりまえのことを、ASDの子どもたちが学ぶことは、けっして容易ではない。人の内面的な状態を想像するには、知識や理屈ではない「共感」が求められるからである。

　しかし、ASD児には、「共感」は苦手であるが「システム化」はしやすいという特性がある。視覚的なヒントを利用して自分の内面の感覚や感情と照合させ、「共感」的理解の苦手さを補うことによって、他者の内的な感覚や感情に迫ろうとしたもの。

　ASDの人たちは、他者を理解することは難しいが、自分の経験に結びつけながら考えさせるとわかりやすくなる。第1段階は、自分と他者に共通点があることを認識させることによって、他者との違いをそれぞれの多様性として肯定的にとらえさせ、第2・3段階では、自分の努力目標を明確化させることにより、通級へのネガティブな気持ちを改善し、同じような不適応を抱える仲間と一緒に努力する姿勢を育てる。「自分の課題がある程度わかってはいるが、通級はしたくない」「周囲の批判的な目に気づき始めているが、自分では解決できない」。そんな発達段階の子どもたちに、通級の仲間のことを知ることによって自分を振り返り、前向きにがんばろうという気持ちを起こさせている。

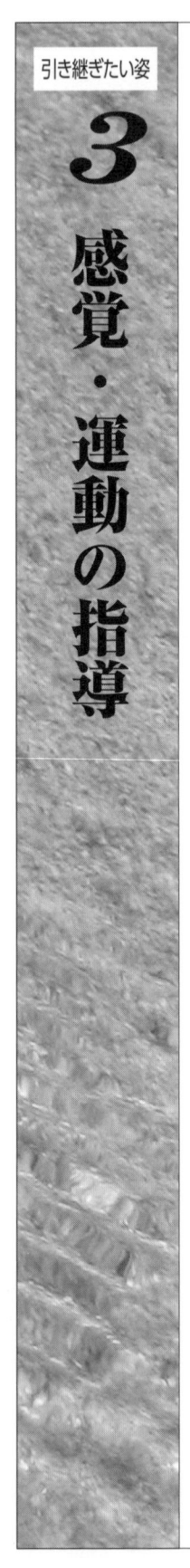

引き継ぎたい姿

3

感覚・運動の指導

体をスムーズに動かすことや目と手の協応の困難など、運動能力における不器用さに焦点を当てた指導です。感覚統合理論や動作法などを参考に、なるべく早期に取り組みます。

〈実践例〉
⑤動作模倣・サーキットトレーニング・リトミック→p.98

1）運動能力の困難を示す子たち

◼ かつては運動能力が高いとみられたが…

ASD は、情緒障害教育が始まった当時、高い潜在能力を有し、母子関係が改善して情緒が安定してくれば「普通の子」になるといわれていたことについては、先に述べました。その根拠として挙げられるものが大きく3つあります。

①非常に優れた記憶力、②形態認知能力の高さ、③高い運動能力の3つです。

このうち①については、まったくあてはまらないことはありません。機械的な事項に関して、あるいは見たことをそっくりそのまま再生できる能力などは、一部の ASD の子どもにははっきりとみられます。②についても、いわゆる「視覚優位」のタイプの ASD では、珍しいことではありません。しかし③については、今日では、教師や保育士など子どもの全体をみる立場の人だけでなく、ほとんどの専門家が否定しています。

◼ 特異な運動の様子が目立ったせい？

ASD の子どもは、トランポリンを上手に飛び、ぶらんこを大きくゆすって乗ることができ、走るのが速く、ときにはまるでサーカスのように高鉄棒の上を歩くなどの、特異的な運動能力を発揮しています。細かいものをつまんで細い溝に詰める、鉛筆のようなものを器用に回すなど、指先が器用なようにもみえます。くるくる回転しても目を回さない子どももいます。

これらは、当時は、すばらしい運動機能の表れとみられていました。当時の ASD の子どもは、音声言語がなく、動作の模倣もせず、自分の殻に閉じこもっているので、目立つところ以外は何がどこまでできているかとらえられていませんでした。そんな状態のときにみえたのが、前述のような特徴でした。

94 ◼ 第2部　今後への期待──引き継ぎたい教育の姿　その2　指導の実際

■前庭核の機能の発達につまずきが

少し丁寧に考えてみましょう。

トランポリンやぶらんこの動きは、体の固有覚や前庭核にはたらきかける気持ちのよい刺激です。くるくる回ることも同様です。幼児期や知的な遅れが顕著な ASD の子どもたちは、自己刺激行動として、これらの動きを繰り返していることがよくみられます。

また、多くの ASD は、乗り物酔いをしないといわれていましたが、逆にひどく乗り物に弱い子どももいます。年齢が上がり、体が成長し、興味・関心の幅が広がり、いろいろなことができるようになると、乗り物酔いをしなかった子が不快感を訴えるようになったり、乗り物にひどく弱かった子が大丈夫になったりすることは、この子たちを幼児期から思春期ぐらいまでみている保育士や教師たちは、よく経験しています。

高い能力とみられていたものは、実は、前庭核の機能の発達につまずきがあったためということが今日ではわかってきています。

■全身の協応がうまくいかない

走るのが速いといいますが、直線を走らせると、スムーズな走り方をしません。競争心がないから、意欲がないからと解釈されていましたが、そうではありません。上下肢と体幹の機能を協応させることや筋力を上手に使うことなどが困難なためで、年齢相応の走り方をしていないのです。

全身の協応がうまくいかないと、一点豪華主義で広がりがみられないことも少なくありません。縄跳びが上手になっても、跳び箱は上達しない、同じ縄跳びで後ろ跳びができるようになったら前跳びが下手になったなどというのも、よく見かけるものです。脳の中に、1つの動きに関係するまとまり（シェーマ）ができあがっても、それがほかに広がっていかないためと考えられています。

■目と手の協応の悪さなども

指先の器用さは、習熟したものでは、十分に発揮できる子どももいますが、そのほかのものでは不器用です。たとえば、マスの中にきちんと文字を収める、定規を使って線を引く、鍵盤ハーモニカを演奏する、ボタンをかけたりオープンファスナーをとめたりするなど、教科の学習や生活習慣に関する多くのことで、困難さが目立ちます。前述のような一点豪華主義の脳の使い方のほかに、指先の動きのぎこちなさ、目と手の協応の悪さ、目の使い方のまずさなどが関係して、これらの動きが円滑にできないのです。

■体の感覚がしかとはわからない

座っているときに姿勢が崩れがちな子ども、立っているときにゆらゆら動いたり体が傾いたりする子ども、並んでいるときに列をはずれるほどではないもののふらふら動き回る子どもなどもいます。「姿勢が悪い」「落ち着きがない」と注意を受けることが多いでしょう。

この子たちに、抗重力姿勢をとらせようとすると、自分の体が傾いていることに気づかなかったり、不必要に力を入れて固まってしまったりします。体の感覚がしっかりわかっていないために起こるもので、多動性や意欲の問題では説明のできない特性といえます。

2）指導にあたってのポイント

■動作模倣から入るが多くはうまくできない

指導の初期では、学習態勢づくりのために、しばしば「動作模倣」を取り入れます。このとき、静止動作は正確に模倣できるようになっても、連続動作の模倣は難しい、あるいは、だいたいは模倣しているが正確さに欠けるなどの状態を表す子どもが少なくありません。空間認知能力が高く、相手の動きを把握できないわけではありません。自分の体がどんな状態、どんな形になっているかを、イメージ

できていないのです。

■感覚統合理論や動作法の考え方をもとに

これらを改善したり体の動きを向上させたりするために、ASDの教育では、感覚・運動の指導を重視します。作業療法士の助言を仰ぎながら、感覚統合理論や動作法などの考え方をもとに、子どもたちに無理のない楽しい活動を組むのが一般的です。

感覚統合理論では、自分の体への気づきは、周囲の事項や人への気づきにつながると考えられています。動作法の抗重力姿勢の考え方を取り入れ、重力に対して、しっかりと体を支えることができるように、姿勢を視覚化して示したり補助したりして、体を意識化させることも行います。自分の体の位置や姿勢がしっかりと意識できるようになると、自分のまわりと自分の位置関係、距離感がつかめるようになります。

■ゲームや運動遊びとして実施

これらの指導は、訓練的な要素がきわめて大きいものですが、実際にはゲームや運動遊び、サーキットトレーニングや音楽リズム活動として実施しています。体の機能を向上させる課題ではありますが、ほかの子どもたちの動きに注目して自分の動きを調整したり、ゲームの点数を競ったり、作戦を練ったりという活動の中には、社会的認知やコミュニケーション、負けたり失敗したりすることへの自己調整力、数量概念の基礎などが含まれます。

この項では、小グループで大きく体を動かす活動を組み合わせた感覚・運動の指導の工夫例を紹介します。

●実践例⑤について

通常の学級の体育の指導とは異なり、情緒障害学級での運動の指導は、学習態勢、ソーシャル・コミュニケーション、言語理解、感覚統合の未熟さや基礎的な運動能力の向上をめざすものです。体を動かすこと、小集団でともに活動することを通して、状況判断力や行動調整力が高まると同時に、基礎的な運動機能や技術が向上することをねらいとしています。

活動内容は、対象児の実態、活動スペース、時間、使用可能な運動用具によって異なります。感覚統合理論を参考にした体づくりは、低学年までに行うと効果的です。脳の機能の統合を図ることができるのは、脳の可塑性が残っている9歳ぐらいまででしょう。学年が上がってから行う感覚・運動の指導は、もっている力をより効果的に使いこなしたり、教科の授業の基礎的な技能を向上させたりして、授業場面や生活場面での適応を向上させることに主眼がおかれるようになります。

どの年齢においても、ゲーム形式で点数を競い合い、勝つこと、一番になることへのこだわりの改善をめざす要素が含まれることがあります。音楽リズム的な仕立てにして、聴覚的な刺激と体の動きの協応を高めることをめざす指導も多く行われています。ただし、ゲーム形式であれ音楽リズムであれ、指示にしっかりと注意を向けること、周囲の動きに注意を向けて自分の動作や運動を調整すること、一つひとつの動きを正確に行うことが重視されるものです。

低学年児対象の授業では、活動の中で数の内容を取り上げることもあります。ゲーム形式で得点計算をする、勝ち負けの判断をするなどです。ただし、楽しく活動する、体を動かす爽快感を味わうなどは、補足的な付加価値といってもよいでしょう。感覚・運動の指導と休憩時の遊びとは異なります。

これは、1時間の指導に3つの活動を取り入れた例です（→ p.98 実践例⑤）。

　発達障害児の教育や療育でいう体づくりとは、筋肉をつけて運動能力を高めたり、丈夫な体をつくったりすることではない。

1　自分の体についての認識を助ける

　人は、外界のものを認知する際に、自分とそのものの関係をとらえる。自分の体をきちんと認識できていないと、自分とまわりの物事との関係をとらえることが困難になる。ASD の子どもには、この混乱があり、まわりの人と自分の関係をしっかりととらえることができないことがある。

　自分の体の認知とは、身体各部の名称がわかり（身体像；ボディイメージ）、自分の体の動きや姿勢をコントロールし（身体図式；ボディシェーマ）、目で見なくても、部位や動きや姿勢を認識できる（身体概念；ボディコンセプト）ことである。これによって、自分以外のものと自分の位置関係、距離などがわかるようになる、社会的認知にかかわる基礎的な力である。

　どのように社会的認知とかかわるのか。「体の認知＝社会的認知」ではない。自分を中心にして、自分の体の位置や姿勢を意識する。自分がどこの位置にいてどんな姿勢をしているかがきちんと認識できていると、まわりを見回したときに体がしっかりと保持され、まわりとの距離やまわりの動きがとらえやすくなる。そのために、必要なところや大事な刺激に注意を振り向けやすくなり、その場の状況や、他者との社会的距離感がわかりやすくなる。

2　なめらかな体の動きを助ける

　体の動きには、大きく分けて、粗大運動、微細運動、協応運動の 3 つがある。

　学校教育との関係で考えると、粗大運動と協応運動は、体育とのかかわりが大きいが、たとえば休み時間の校庭での遊び、掃除のときの用具の取り扱いなどの場面もかかわる。

　微細運動は、書字動作、図画工作や音楽の楽器演奏、算数のコンパスなどの使い方のほかに、体育の着替え、持ち物の整理、箸の持ち方などにも関係する。内容は理解できていても、イメージは豊かにもっていても、書字に時間がかかって黒板が写せない、描きたいように描けない、いくら練習しても鍵盤ハーモニカが上達しない、みんなのスピードに追いつけないなどの状態が続いてしまえば、子どもは勉強も遊びもいやになってしまうだろう。

3　背景になっている障害特性に対応する

　ASD や ADHD の子どもたちは、どことなく動きがぎこちなく、スキップのようなやや複雑な動きが難しい、跳び箱や縄跳びが苦手、行進のときに音楽とずれてしまう、ボール運動が苦手などで、つらい思いをしていることがある。これらは、上下肢と体幹、聴覚的な情報と体の動き、視覚的な情報と体の動きを、スムーズに協応させることのつまずきによって起こるもの。姿勢がとても悪く、注意しても、正しい姿勢がとれなかったり、必要以上に体を固くしてしまったりすることもある。

　一見すると関係がないことのようだが、これらはすべて関係がある。異なる感覚を 1 つにまとめ上げることが十分にできていないために起こってくる状態といえる。

　これらを改善するために、多く取り入れられているのは感覚統合法だが、学校教育では 1 つの治療法だけを取り入れることはなく、作業や運動遊び、サーキットトレーニング、日常の清掃活動や給食の配膳などの中で、意図的に課題を組んでいる。

　聴覚―運動協応の改善には、音楽療法の一部や手遊び歌などを、視覚―運動協応では、ボールを使った運動、ビジョントレーニング、調理や木工での用具の使用などで、目と手の協応の課題を取り入れている。

1　対象児

知的発達に遅れのない低学年の ASD、ADHD を伴う ASD の児童

2　全体のねらい

(1)　学習態勢の確立

(2)　小集団参加の態度の育成

(3)　基礎的な運動機能の向上

(4)　基礎的な技術の向上

(5)　運動用具の扱いの理解

(6)　体を動かす楽しさや意欲の喚起と育成

3　対象児の実態

目立った運動機能障害はなく、体格・体力はほぼ年齢相応といえるが、肥満傾向の子どもが多い。

歩く、走る、跳ぶなど、基本的な動がぎこちなく、自分の体のスムーズな動かし方や、とっている姿勢を意識化することに困難がある。

運動に対する目的意識が低く、技術的な向上心もみられない。

4　指導の基本方針

本授業の対象児には、低学年で通級を開始してからの時間が短い子もいる。集団適応、学習参加の基本的な態度が十分に育っているとはいえない。感覚・運動の活動を通して、学習態勢の確立、基本的行動様式の形成・向上を図ることを重視する。

訓練的な課題が多いが、目的意識が育っていない低学年の子どもたちであり、楽しく活動をしながら、必要な課題を達成できるようにする必要がある。限られた時間で子どもの体力、感覚・運動の発達の状態に応じられるように、活動内容を大きく3部構成とし、個々の実態への対応、運動量の確保を工夫する。

5　指導の流れ：概要

(1)　指導体制：児童5名、指導者3名（うち1名は活動内容によって観察、補助、伴奏を担当）

(2)　指導時間・環境：毎週の通級時に45分、普通教室1つ分よりやや狭い学習室で実施

6　指導の流れ：各活動の特徴とねらい

●動作模倣

　動きは少ないが、指示に従うこと、注目することや体の意識の向上など、基本的な事項を重視する活動を行う。

　　ねらい　○ボディイメージの向上

　　　　　　○位置関係の認知（自分と相手の位置による左右・前後等の違い）

　　　　　　○連続的な動きの向上

●サーキットトレーニング

　個々の実態に応じてさまざまな動きを集中的に行い、動きの正確さと一定の課題の遂行を要求される「きつい動き」の多い活動を取り上げる。

　　ねらい　○静止・連続動作の正確な模倣ができるようにする

　　　　　　○自分のめあてをもってがんばる姿勢の育成

　　　　　　○他児の動きへの注目と、すばやい位置関係の把握の力の向上

　　　　　　○周囲に合わせた行動調整力の向上（相手との位置、動作開始のタイミング・早さを調整して動く）

　　　　　　○協力して準備・片づけを行う態度（声をかける、力の入れ方・動きの速さを調整する）

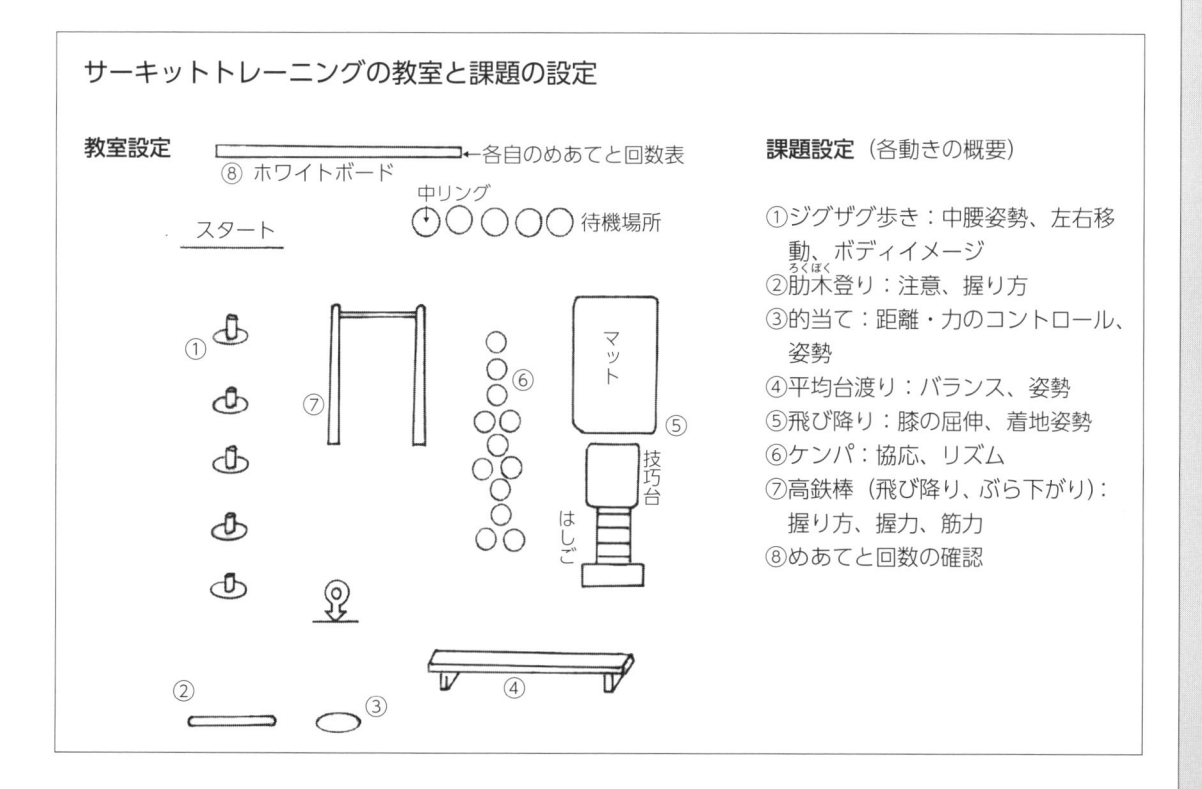

サーキットトレーニングの教室と課題の設定

教室設定

⑧ ホワイトボード←各自のめあてと回数表

中リング

スタート

待機場所

マット

技巧台

はしご

① ② ③ ④ ⑤ ⑥ ⑦

課題設定（各動きの概要）

①ジグザグ歩き：中腰姿勢、左右移動、ボディイメージ

②肋木登り：注意、握り方

③的当て：距離・力のコントロール、姿勢

④平均台渡り：バランス、姿勢

⑤飛び降り：膝の屈伸、着地姿勢

⑥ケンパ：協応、リズム

⑦高鉄棒（飛び降り、ぶら下がり）：握り方、握力、筋力

⑧めあてと回数の確認

●リトミック

　ピアノ演奏に合わせて、教室内を決まった動きをしながら回ったりポーズをとったりしたあと、静かな曲で体を休め、リラックスして終わる。

> リトミックは、音楽療法で行う同名の活動を参考にして、おもに、感覚・運動機能の向上のためにアレンジした

　ねらい

　　○周囲の動きのスピードに合わせて動けるように自分の行動を調整できるようになる（注意の振り向け、社会的認知）

　　○耳で聞いて行動を調整できるようになる（聴覚と体の動きの協応、スムーズな動き、静止動作）

　　　①太鼓、タンバリン等に合わせた動きの調整）

　　　②音楽に合わせた動きの調整

リトミックで取り上げた動きと曲

○児童の疲れ具合やその日の体調によって、曲目や伴奏の速さを調整する
○9以外は、子どもの様子によって入れ替えたり、複数回登場したりする。曲と曲の間では、そのときの姿勢のまま静止する

1	歩く	きらきら星　ほか
	導入としての歩きは、姿勢に注意しながら、ゆっくりとのんびり歩く 途中で挿入するものは、激しい動きの間に入れ、呼吸を整える	
2	走る	ぶんぶんぶん　ほか
	まわりの速さに注意する コーンを意識して、中に入らないように走る	
3	スキップ	おつかいありさん　ほか
	できない子どもは、教師と向き合ってギャロップをする ギャロップが形になってきたら、教師と一緒に手をつないでスキップをする	
4	馬（高這い）	おうま
	膝、肘をしっかり伸ばす	
5	かめ歩き（腹這い）	うさぎとかめ
	おなかを床につけて、両手、両足を踏ん張って進む	
6	いもむし（横転）	いもむしごろごろ
	腕と膝をしっかり伸ばす	
7	アヒル歩き	気のいいあひる
	腰を上げない 一人でできないときは、教師が向かい合って両手をもって動く	

8	片脚とび	かくれんぼ
	やりやすい脚で始める 上手になったら反対の脚を使う	
9	静止（リラクゼーション）	トロイメライ：シューマン『子供の情景』から
	床に横になり、目を閉じて、曲が終わるまで動かない	

総括と発展的考察

　通常の学級の体育では、対象児のほとんどが、なんとなく動いている、できるところだけ参加する、まわりで見てはいるがほとんどやろうとしないなど、きわめて参加状態は悪いといえる。できない、下手などの意識がそろそろ芽生え始めたり、自分が思うように体が動いていないことに気づき始めたりする年齢で、自信がなくおもしろさも感じない子どもが増えてきている。これを、授業態度が悪いとみて、無理やりやらせようとしたり「下手でもいいから、がんばろうね」などと、よかれと思って励ましたりしてしまったら、本人はいっそう拒否的になってしまうかもしれない。

　ASD の子どもたちは、自分へ完璧さを求める。高学年になると、体育着に着替えることさえいやがり、なかには、体育のある日には学校へ行きたくないと思ってしまう子どももいるほどである。

　週 1 回の通級指導という、限られた時間の中での活動であり、これだけで、身体機能が向上するとはいえないかもしれない。しかし、体を動かす気持ちよさや、どの子も苦手なところがあるが、先生たちがそれを受け入れて、がんばり方を教えてくれると少しずつ上達できるという実感は、大きな励みになる。

　ASD の障害特性である感覚・運動の遅れはけっして軽いものではなく、通常の学級の体育や道具を扱った教科の授業では、苦労することが多い子どもたちだが、自分のめあてに向かって努力する姿勢、具体的な体の使い方を覚えた。在籍学級担任との連携ができ、どの子も自分の目標に向かって努力することを大切にした指導を行った在籍学級担任の姿勢で、授業参加の態度が改善できた子どももいた。

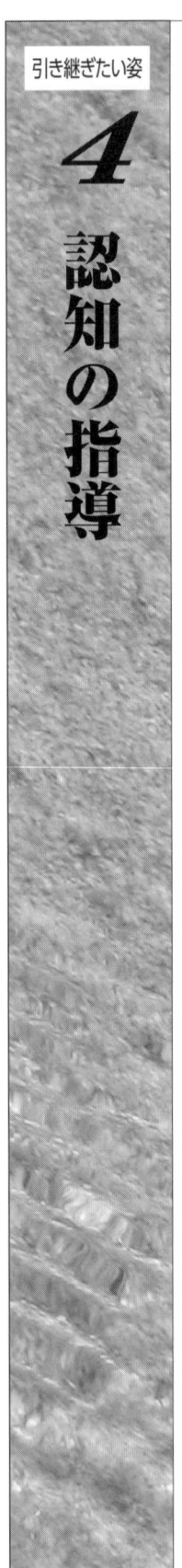

引き継ぎたい姿

4 認知の指導

ASD や ADHD の子どもたちの多くは、認知の障害を抱えています。それが、多くの困難のベースにあるといってもいいくらいです。指導にあたる者は、その意識をもって、あらゆる教育活動を行うべきだといえるでしょう。

実践例〉
⑤行動調整力・プランニング能力向上の指導「立体作品を作ろう」→ p.104

1) 認知の障害は広範にわたる

■広い生活場面、多様な活動内容の中で

　ASD や ADHD の子どもたちにみられる認知の障害は広範にわたっており、これを単独で取り上げる指導はあまり行われていません。

　知的な遅れのある子どもたちも対象としていた頃には、数量や言語概念の基礎となる弁別や仲間集め、対応や視空間認知に関する図と地の弁別、形の恒常性、空間関係の把握などを取り上げていました。これは認知発達に遅れがある子どもたちには効果的な面もありますが、生活場面が広く活動内容も多様な通常の学級で学習するような子どもたちには効果が上がらないでしょうし、多くの場合、これらの基礎的な力は育ってきているので必要もありません。また、机上学習は汎化しづらく、授業や学校生活、さらには家庭や地域での生活場面への広がりは期待できません。

■基礎的な認知指導のみを行う例は少ない

　今日では、生活範囲が比較的狭く、将来的に福祉的な支援を受けることが多い知的な遅れのある ASD の子どもたちは、特別支援学校や知的障害の支援学級に在籍しているので、これらの教育の場では、このような基礎的な認知指導を行っているところがあるかもしれませんが、今日の通級指導や巡回指導では、ほとんど行われていません。

2) 指導にあたってのポイント

■教育活動全体を通して試みる

　認知指導の取り上げ方は、言語や運動などとは大きく異なります。認知指導をしていると気づかないほど、すべての教育活動の中に入っているものです。認知障害への対応は、すべての基礎であり、ASD 教育では特に重要ですが、通級指導や巡回指導では、教育活動全体を通して取り上げています。「朝の

会」や「帰りの会」、「コミュニケーションの時間」や「運動の時間」「作業の時間」などの課題を設定する際の基本的な配慮事項として取り上げることにより、日常生活場面への汎化を容易にし、活用できる基礎的な能力とするのをめざしています。

■刺激の選択的受容、意味ある情報への着目など基本的な認知機能の発現を意識する

ASD児やADHD児が示す通常の学級や生活場面での困難の背景には、刺激の過剰選択性や、社会的刺激の意味理解、全体的な状況の把握、その場の雰囲気や流れの把握の困難・失敗があります。

学習態勢の確立や基本的行動様式の定着を図り適応行動を向上させるためには、刺激の選択的受容、社会的に意味のある情報への注目など、基本的な認知機能の発現が重要です。さらに基本的な能力として、注視、追視、聴覚的注意の振り向け方や音源定位などの課題も重要であり、これらは、前述のような活動の中に、意図的に組み込まれているのです。

●実践例⑥について

対象児は、知的な発達に比べて、明らかに算数の学力が低い、状態像としてはLD（Learning Disabilities；学習障害）の中の算数障害といえます。他教科の成績に大きな問題はなく、むしろリーダー的な優等生とみられる子どもでした。しかし、高学年になり、算数の成績が下がってきたこと、まわりの子と考えが違っても「よい子」を演じていてうまく伝えられないことに気づき始め、今では、自分の中では大きな葛藤を抱えています。

小集団指導で、コミュニケーション能力の向上と自己理解を促し肯定的自己感を育てるとともに、学習障害の背景に迫る指導をすることが効果的だと考えられました。しかし、すでに高学年になっており、通級については、

ほかの子の目が気になる、特別扱いされたくないという本人の強い意思があり、受け入れませんでした。そこで、時間通級の個別指導で困難の改善を図ることとなった事例です。

保護者からの聞き取りで、小さい頃から外面がよく物わかりのよい子とみられていたこと、家では非常に頑固で感情の起伏が激しい（家族に当たり散らす）こと、片づけができず、いつも何かしら置き忘れてくることなどがわかりました。担当者は、何らかの発達的な問題が潜んでいると判断し、医療機関の受診を勧めました。結果的には、ADHD症状を伴うASDで、知的レベルは平均の上、脳波異常やチックなどの症状はないので薬物療法も可能であるが、教育的な対応で本人の自己管理能力を高めることが適切との判断を得ました。これをもとに、指導を始めたのです。

在籍校ではユニバーサルデザインの考え方のもとにレベル別指導を行っており、巡回相談の心理士から算数障害との助言を受け、最も学習困難が深刻な「基礎」グループを勧めていました。しかし、対象児の知的発達のレベルと極端な不注意を考慮すると、簡単な内容を取り上げて指導しても改善は望めないと判断され、通級での個別指導を受けることになったものです。もし、算数障害とみて教科の補充指導を行っていたら、一時的に成績が上がったとしても、問題の解決にはならなかったでしょう。

規範意識が強く知的能力が高いASDにありがちな「かくあるべき」自分を演じていたために、担任教師はこの子の問題に気づきにくかったのでしょう。もっと早く指導を開始すれば、学力の低下は避けられたかもしれません。しかし、担当者の適切な判断、医療機関の助言、家庭の協力によって、対象児の特性をきちんと把握し、効果的な指導を始めることができたといえます（→ p.104 **実践例⑥**）。

1　対象児

知的には平均の上のレベルの、ADHD を伴う ASD の 5 年生女子

2　指導のねらい（全体的な指導目標）

(1)　人の考えや意見に耳を傾け、自分との違いに気づかせる

(2)　決めたことを、段取りを考えて最後までやり通せるようにする

(3)　忘れ物、ケアレスミスなど、自覚している困難の対処方法を考え、実行できるようにする

3　対象児の実態

　思いつき、ひらめきはよいが、中途半端に終わってしまうことが多いため、自分は能力が低いと落ち込んでしまうことが多い。忘れ物、なくしもの、思い込みによる行き違い、ケアレスミスによる失点が多い。こだわりが強く他者の意見や助言を受け入れない。予定変更や予想と違うことに出会うといらいらして、弟や祖母にあたり散らすことが多い。

　一方在籍学級では、頭がよく、ひょうきんで、いつも前向きな発言をする子とみられている。自己主張が強いが、周囲からは、何でもよくわかってできるから「先を行っているのだ」とみられている。しかし、高学年になり、本児の言動に違和感を覚える児童も出始め、ときには強い調子で抗議され、激しい口論になることもある。

4　指導の基本方針

　対象児の ASD 特性、ADHD 特性は、自分の特性として受け入れられるような自己理解を促すことが大切であると考える。そこで、多少苦手な課題に挑戦し、失敗や困難を繰り返しながら、それを乗り越える方法を考えさせることにした。知的能力の高さと年齢から、メタ認知能力が芽生え始めているとはいえ、十分に言語化する段階には至っていない。具体的な活動を通して、自分の特性を肯定的に受け止め、困難点・苦手な点と上手につきあきえることを学び取らせたいと考えた。

5　指導の流れ

●取り上げた活動　「立体作品（お菓子のおうち）を作ろう」

　1　ねらい

　　(1)　段取りを考えて一連の課題を仕上げる（プランニング・柔軟性・衝動コントロールの力を向上させる）

　　(2)　他者と相談する・助言を受け入れる態度を育成する

　　(3)　いらいらしたときや失敗したときに、理由を他者にわかるように口頭で伝えられるようにする

　2　指導の流れと経過

　　○個別指導

　　　50 分のうちの 30 分：全 8 回。このほかに家庭での活動（宿題）あり。

毎回の学習内容は、連絡帳を兼ねたワークシートを活用する。（A5判1枚分）
保護者には、口頭で手短に報告する。

○家庭での活動

　「まとめ」を記入して、次回に持ってくる。
時間をおいて時系列に沿って思い出すこと。
保護者に報告しながら、そのときは気づかなかった自分の努力や工夫点を確認する。

※まとめを宿題とした理由

　やり終わったらもういい、という対象児の特性に配慮し、しっかり思い出すことを重視した。また、次週への継続性を意図した。

月　日　曜日		
	今日の学習	評価
1	物語作り	
2	作業：立体作品	
3	一週間の報告	
まとめ		
	担当者から	在籍から

連絡帳を兼ねたワークシート

○全体計画の提示

　課題の概要を把握させる。
第1時の導入時に、全体の流れを常に自発的に確認できるようにするため、右表をカードにして与える。
忘れたら聞けばよいという姿勢を許さず、自分で考えて行動させる。

課題　立体作品を作ろう
1　作るものを決定する。
2　手順を検討する。
3　手順に従って制作活動をする。
4　時間にゆとりがあったらおひろめ
　会をする。

【第1時〜第2時】
○作品の決定：基準に従って考える
　　基準　ア　作りたいもの
　　　　　イ　条件内でできそうなもの
　→　工作絵本から「お菓子のおうち」に決定

作業計画のお約束
・思いつかないときは見本の作品を見てもよい（教室にある工作絵本、友達の作品など）。
・作り方や材料は、自分で考える。

○手順を考える

　教室にある他児の作品、他の作品の作成法の参照は許すが、まねをしてはいけない。作り方のレシピは見てはいけない。思いつかない、わからないときは、先生に相談して、ヒントをもらおう。

作業のときのお約束
・そうしょく（かざり）も手作りする。
・買ってもよいが高価なものはダメ。
・ミシン、のこぎりなどの工具は使わない。

条件（お約束）は机上に貼る。
自分で考えずに、聞いたりあきらめたりする傾向を改善させるため。

○使用する材料・道具の確認

　「使うものリスト」による確認

	自分が用意するもの		先生が用意するもの
✓	○○○○	✓	○○○○○

> メモやチェックの効果を実感させるため、同じものを2枚用意し、対象児と指導者が分担して整える。
> チェック欄にチェックすることによって、忘れたり、調達できなかったりしたものを確認する（第2時）。

○手順を考える

　〈対象児の発想〉

①紙箱に、色紙を貼る。

②窓、屋根などの位置を決める。

③飾りつけをする。

　　※③にいちばん時間がかかるだろうから、①②は1
　　　回で終わらせる。

> おおざっぱな計画では、作業が進められないと気づく。
> それぞれの作業に要する時間と、全体の時間配分を考える。
> 飾りつけの詳細を説明し、簡単にはできないことに気づく。
> ＊色紙、毛糸などを、木工ボンドで貼り付ける程度を考えていた。簡単なものはダメの条件を満たしていない。
> ＊自分だけで考えてもよい案が浮かばないときには、先生に相談したり、ほかの作品の作り方を参考にしたりするとよいことを伝え、再検討させる（参考資料を持ち帰って宿題）。
> ＊自分で考えることを重視し、あえて宿題とした。

【第3時〜第8時】

○手順表の再確認（第3時）

　　今回は、不備な部分を教師とともに考え、修正させる。

○手順表に従って作業を進める

　（作業の様子は省略）

> 本児は、手先の巧緻性は高く、物作りは多く経験している。経験をもとにして、用具を扱うことができ、作業そのものには困難はない。

○結果

　　時間がなく、お披露目会ができなかった。

　　「1回伸ばして次回にやりたい」と希望したが、

　　→　初回に提示した「時間にゆとりがあったら」の条件にあてはまらないので、お披露目会はできない、という指導者の言葉に、しぶしぶ従うことができた。

作業終了後の振り返りカードから

口頭では忘れてしまうので文字化して残した。

本児の記入欄	指導者の記入欄
かざりものの寸法を合わせるのが大変だった。 →	どうしたらよかっただろう？
先に、箱の大きさを計っておいて、かざりものの寸法を決めればよかった。	そうすれば、むだな時間を少なくできたね。
ほしい材料が見つからなかった。 →	それで、どうしたんだっけ？
ほかのもので間に合わせた。 →	うまくいったかな？
まあまあだった。ちょっとおしいけど。 →	先生は、結構いい線いったと思うよ。

総括と発展的考察

　知的能力が高く周囲を圧倒するほどであっても、実行機能障害の症状が顕著な ADHD 傾向の子どもの場合には、社会的認知の障害を知識や経験で軽減できても、行動調整力の弱さに起因する問題がさまざまに形を変えて現れ、適応の阻害要因となることがある。

　対象児は、幼稚園時代から、しっかりしたよい子で通っていたそうだ。ギフテッドの ASD の人たちは、明らかな ASD 特性はあるものの、周囲の子どもたちと比べて、はるかに情報処理が早く、状況を客観的に把握して見通しを立てることができる。対象児は、家庭のしつけがしっかりしていて、人の迷惑になること、人がいやな気持ちになることは、決してしてはいけないとしつけられている。問題が目立ちにくく、対応が遅れたのはそのためとも考えられる。

　不注意や感情の起伏の激しさの改善には、薬物療法で効果が上がることもある。しかし、本人が自己を客観的に評価できるレベルに達していて、言動に危険性がない場合には、教育的な対応で自己理解を促すことが将来につながる指導であるといえる。中学生であればカウンセリングや仲間とのディスカッションという方法も考えられるが、5年生では、自己の内面を十分に言語化することは困難である。無理に言葉での対応を始めてしまうと知識だけが蓄積されてしまい、対処方法を考えつくことができなくなってしまう。

　約2か月を使って、長いスパンで計画を立てたりさせ、失敗や想定外のことに遭遇しながら計画性と衝動コントロールを体験的に学ばせ、自己理解につなげた実践例である。

5 読み書き障害や読み書きのつまずきへの対応

読み書きの障害、あるいはつまずきをみせる子どもたちは多くいます。それははたしてLDなのかどうか。まずは、その見極めが必要です。

実践例〉
⑦つまずきの背景にある障害特性に着目した読み書きの指導1 → p.112
⑧つまずきの背景にある障害特性に着目した読み書きの指導2 → p.116
⑨つまずきの背景にある障害特性に着目した読み書きの指導3 → p.120

1）LD症状＝LDとは限らない

■学習の困難を主訴とする子どもたちのなかに…

通級指導や巡回指導を希望する子どもたちのなかに、教科学習の困難を主訴とする子どもが少なくありません。多くが、文部科学省などが定義しているLD（Learning Disabilities；学習障害）概念に該当する、読み書きや聞く、話す、計算するなど、教科の一部分を切り取った見方によるものです。

注意しなければいけないのは、これらのつまずきを改善するために、特別な読み書きや計算の指導をする必要があるのかどうかを、十分に吟味する必要があるということです。

筆者が経験した子どもたちの例を挙げます。

■文字をまったく書けなかったA児の例

A児は、総体的な知的発達のレベルは平均の下程度ですが、動作性IQに比べて言語性IQは有意に高く、年齢の標準レベルです。DSM-Ⅲ Rの診断ではPDD、下位分類は自閉性障害です。

指導開始時は年長（5歳）で簡単な指示文を読んで内容をとらえることができましたが、書くことはまったくできませんでした。自分の名前に含まれているひらがなですら、書けませんでした。明らかに、書字障害の症状をみせていました。ところが、いくらかの指導を経てのちのA児は、小学校入学後、国語と算数の教科の学習ではほとんど困難が現れませんでした。

■文字を書くのではない課題を設定

筆者は、A児に対して、文字を書く指導は行いませんでした。感覚統合的な運動遊びや物作り、お絵描き、テーマを決めたお話などを中心に課題設定をしました。就学に向けての学習態勢、持ち物管理、お約束の遵守などを、これらの課題学習の中に取り込んで実施しました。1つだけ続けていたのは、「きょ

うのおべんきょう」のワークシートに名前を書くことです。文字チップの中から、自分の名前の文字を探し出して書き写すことです。次第にパターン的に覚えた自分の名前を、文字チップなしで書けるようになっていきました。そして、指導開始から8か月後には、ほとんどのひらがなを書けるようになり、拗音、促音の表記もできてきました。

■実は音と文字の一致が学べていなかった

この変化は何を意味しているのでしょうか。ASDのはっきりとした症状を示しているA児の場合、書けないのではなく、音と文字が一致していることをきちんと学習できていなかった可能性が考えられます。

A児はその後も教科学習には大きな困難なく小学校を卒業し、ASDの特性への対応が必要であることから、中学校は知的障害の学級に進み、現在は一般就労を果たしています。

■文字を模様として見ていたB児の例

小学校時代を通常の学級で過ごし、民間の療育機関で指導を受けていた、知的発達に遅れがある中学生のASDのB児は、情報の取り入れ方につまずきがあり、文字を文字としてとらえるのではなく、模様として見ていました。極端な視覚優位の子どもであり、文字も模様も区別なく、形として認識していたようです。

B児の場合には、音声言語よりも視覚言語（文字）のほうが習得しやすいということから、書くことを重点的に指導してきたようです。文字が表す意味がわかっていないにもかかわらず、機械的に文字を写したりなぞったりさせた結果の誤学習でしょう。語彙の拡大、言葉と行動や状況の一致など、言語の基礎から始める必要がありました。

■機械的な書字指導の弊害で言語の基礎が身につかない

しかし、小学校時代の誤った指導によって

定着してしまったものを、中学生になって取り除くことは困難でした。

その後、中学校の知的障害特別支援学級では、文字を正しく読み書きするよりも、生活で必要な単語や乗り物の行き先表示など、使える文字学習に重点をおいた指導を行っているところです。

2) 指導にあたってのポイント

■LD症状の要因を把握する

このように、LD症状を示す場合には、その要因をしっかりと把握し、適切な対応をしないと、ときには深刻な結果を残してしまうことがあります。文字や計算につまずく場合に、読み書きや計算に取り組ませ一定の成果を上げることは、自信や意欲につながるようにみえることがありますが、いずれ別のつまずきとなって現れてきます。

A児のように文字を想起できない子どもに、五十音表で文字を拾わせたり、あひるの「あ」いぬの「い」などと示したカードを用いたりすると、位置やカード全体を覚えて正解するようになり、文字との結びつきには広がりません。B児の場合は、言語獲得そのものの課題を積み残し、学習レディネスを逃してしまったといえるでしょう。

ほかにも、視覚的注意の問題のある子ども、空間認知が苦手な子ども、書字に関する運動企画に困難がある子どもなど、LD症状の背景には、さまざまな要因が隠されています。

以下に、他の要因でつまずいていた事例を紹介します。

●実践例⑦について

本児の通級利用の主訴は、読み書きの困難であり、併せて、計算の困難もありました。主訴の改善や解消をめざすものであれば、読み書き指導や計算指導が中心課題となるでし

ょう。しかし、発達障害の子どもたちが示すこのような困難の状態の多くは、認知発達の偏りや情緒的な不適応の結果として起こったものです。主訴だけに着目した指導を行った場合、一時的な状態像の改善を図ることはできますが、本質的な問題の解決とはなりません。やがて、さらに大きな困難を呈するようになり、そのときにはすでに指導の適時性を逃してしまう例があとを断ちません。

通級指導学級では、対象児の在籍学級での困難の背景に着目し、不注意や衝動性の結果とみられる行動面の問題、興味・関心の偏りとみられる授業参加の状況や、耐性の不十分さやあきらめの早さなど、行動調整力の未熟さに焦点を当てた指導を重視しています（→ p.112 実践例⑦）。

●実践例⑧について

「4年生になっても、ひらがなすらきちんと習得しておらす、ノートはとれず、テストはほとんど白紙、授業中は騒いでまわりに迷惑をかけてしまう。知的障害ではないだろうか」と心配した保護者が医療機関を受診した結果、知的能力の遅れはないことがわかったケースです。当時、対象児の居住地区には通級指導学級（教室）は設置されておらず、教育相談室での個別対応となりました。

学校教育での実践ではありませんが、通級指導や巡回指導の対象となる子どもであり、ここで紹介することにしました（→ p.116 実践例⑧）。

●実践例⑨について

読み書きの困難の背景に眼球運動の問題があることに気づき、ビジョントレーニングを中心とした課題に変更して効果が上がった例です。

書字障害の子どもに対しては、継次処理と同時処理の認知的な偏りに着目した指導が効果的であるといわれていますが、対象児には有効な指導法ではありませんでした。ASDで書字障害の症状がある場合には、文字の指導よりも言語概念の指導や感覚統合的な課題を取り上げた指導を優先して行うことで、改善がみられることが少なくありません。しかし、本児は、そのような指導でも、ほとんど効果が上がりませんでした。

在籍学級での行動観察を続けていくうちに、本児の眼の使い方がぎこちないことに気づき、詳細に観察をしたところ、眼球運動に大きな課題があるらしいことがわかってきました。

対象児は、すでに自分のうまくいかなさを自覚して二次障害を起こしており、しかも周囲は努力が足りないという見方をしていることもあり、対応が急がれました。眼球の動きや機能はさらに詳細に把握する必要がありましたが、何らかの指導を開始し、指導をしながら、より詳細に実態をとらえることにしました。

本実践では、自作教材のほかに市販のビジョントレーニング教材を活用しています。十分に検証された市販の教材は、子どもの実態を客観的に把握するために役に立ちます。情緒障害教育では、他の教師たちと自作教材を交換し、それぞれの指導対象児の指導に活用することもあります。

ただし、これらの活用あたっては、子どもの実態にきちんと合っているものであるか否かを十分に検討する必要があります。「コピー可」とされている市販ものでも、そのままコピーして使うのは誤りでしょう。教材研究の素材として取り入れ、その子どもに合ったアレンジをしたり次の課題の参考にしたりすることが、適切な活用の仕方といえます（→ p.120 実践例⑨）。

　小学校中学年以上の ASD や ADHD の子どもに尋ねると、よく「算数は得意だけど、文章題は嫌い」「計算は面倒だけど、式は立てられる」などの答えが返ってくる。算数障害では、「数と計算」領域に注目が集まりがちだが、算数障害を的確に指導するには、「数量関係」「量と測定」「図形」領域の習得状況も把握する必要がある。ここでは、よく取り上げられる「数と計算」について考えてみよう。

　秋元有子氏は、子どもたちの実態をもとに分析した研究において、算数障害で推定される背景を以下の 4 点にまとめている。

①視空間認知の障害　　②注意・記憶の問題　　③数字、数式の習得と使用の困難
④ディスレキシア（読み書き障害）を伴う象徴化の問題が推測される群

　さらに、秋元氏は、算数障害の子どもに対する支援には、数学的思考のもう 1 つの視点である概念的理解を含めて考える必要があると説いている。

　筆者らは、まだ算数障害について提唱される以前の 1975 年頃から、経験的に算数の理解につまずきがあり、かつ、知的発達に大きな遅れが認められない、今日の診断基準では ASD と ADHD に該当する子どもたちに対して、言語概念とイメージを結びつけ、生活経験に汎化させるための数量の指導を行ってきた。

　①のような子どもたちに対しては、机上学習だけではなく、感覚統合の視点を取り入れた視空間処理と微細運動能力向上をめざした作業などの中で、数量的な体験を系統的に取り入れた。これらは視空間認知能力と数量概念の向上だけでなく、社会的行動の向上につながり、在籍学級での授業適応に改善がみられた。

　②は、ADHD 症状のある子どもたちにしばしばみられる。橋本徹氏と筆者は、一定以上の知的発達を示す子どもに対しては、注意の集中と持続に関して、計算指導ではなく日常生活場面のさまざまな課題についての指導を行ってきた。そして、体験を通してケアレスミスの自覚と対処方法の工夫を考えさせることで、算数やほかの教科の成績にも改善がみられるという結果が得られた。

　③④は、数そのものの基礎概念が定着していないと考えられる子どもたちである。④の子どもたちは、読み書きの困難の背後に言語概念形成の遅れがあることが多い。筆者らは、③④のつまずきを示す子どもの多くに、数と数に関する言葉とイメージが結びついていないことに着目した指導を行った。幼児は仲間との遊びの中で、感覚的に個数や量の違いに気づき、操作しながら変化をとらえていく。この過程を十分に体験しないまま、機械的な計算の学習を繰り返した子どもは、計算の操作方法を覚えて正解を導き出すことはできても、基礎概念は定着していない。多くが、かけ算九九までは覚えられるが、割算、分数、小数ではつまずいてしまう。

　数の移動を視覚と言葉との結びつきで確認させ、生活の中で使う活動を意図的に取り上げることで、他の教科領域で使うことや日常生活場面に生かすことへと広げていくことができる。たとえば、時間割表の意識化、物の置き場や持ち物の整理など、一見すると数量と結びつきにくい毎日の繰り返しの中に、数量や図形、測定などの要素が多く含まれるような活動を取り入れる。作業や給食、清掃活動なども、算数的体験の場となり得る。知的障害を伴わない ASD や ADHD に対しても、知的障害教育の「生活単元学習」や「日常生活の指導」の考え方を参考にしながら指導を展開することによって、汎化のしにくさを補うことにつながった。

1　対象児

知的レベルは平均だが、偏りが大きい低学年男子。ADHD疑い

2　本児の全体的な指導目標

⑴　適応行動を増やし、自己評価を高める

　　関心をもって取り組める課題を通して意欲の向上、学習態勢の確立を図り、苦手なことへ挑戦する態度を育成する。

⑵　読み書きの困難に背景を探り、認知発達の偏りの改善を図る

3　対象児の実態

　本児は、知的発達に遅れはないものの、読み書きと計算に困難があり、全体的な学力には大きな偏りがある。また、片づけが苦手であり、苦手なことには拒否的になったり攻撃的な行動をとったりすることもある。自分では苦手なことへの自覚はあるが、改善ができず、むしろ自己卑下をしたり開き直ったりすることがある。

　在籍学級では授業態度が悪い。好きな教科はしっかりと参加するが、国語の読み書きに関することや算数の計算は「どうせできないし」と言い、面倒くさがって手をつけようとしない。体育、音楽、図工などには意欲的。生活科でもよい発想で発言をすることができる。忘れ物が多く、宿題をやってこない。メモや学校からのプリントを渡さないため、家庭でも把握できないことがある。

4　指導仮説

　つまずきの背景には、認知発達や行動調整力の発達の偏り・不十分さに加えて、自分の苦手部分を認識できるゆえの情緒的な反応（意欲低下、自信喪失）があると考えられる。

①「できた」という成就感を多く味わわせることによって、自己評価を高め、情緒の安定を図ることができる。

②自己評価を高めることによって、学習意欲の向上、学習態勢の確立を図ることができる。

③苦手なものに取り組もうとする態度を育て、その態度を認め励まし、自信をつけさせることで、つまずきの改善につながる。

④認知発達の偏りの改善と向上を図ることにより、基礎学力を向上させることができる。

知的発達の遅れはないが、読み書きと計算に困難のある低学年男子の指導例。認知発達の偏りと情緒的な不適応に着目し、またすでに意欲・自信も失われつつある点にも配慮して、成就感の得られる活動を工夫している。

5　指導の流れ

①年間の指導内容

	指導内容	1学期	2学期	3学期
個別指導	認知	間違い探し ——————————————————————→ クイズプリント ————————————————————→	キューブパズル —————→色パズル ————————→	
	言語	ペグボード ————————————→配列カード ———————→ クロスワード ————————————————————————→ シール絵本 ————→		
	対人関係 ルールの理解	ひらがなスタンプ →トーキングエイド→作文・年賀状書き→ ジェンガゲーム ————→トランプ①→トランプ②→ウノゲーム		
	運動	紙工作→折り紙 ————→ブロック→的当て————→プラモデル　手芸		
	教科の補充	計算問題————————————————————————————→ 漢字練習————————————————————————————→		

②指導の展開

指導内容	学習活動	留意点	教材・教具	
課題のやり方と説明の提示	教師が提示した課題に、本児がやりたい課題を1つつけ加える。それぞれの課題を封筒に入れて室内各所に隠し、本児が探し当てた課題に取り組む。10の課題のうち6つを行う	本児が好きな課題を取り入れ、ゲーム形式で取り組ませ、意欲を喚起する	封筒 番号カード	導入段階として、「勉強嫌い」の本児に楽しく学ぶ体験をさせつつ、教師の意図する課題へ誘導している。
折り紙「おばけ」	本や教師の見本を見ながら折る	できるだけ一人で見本を見て折る	折り紙の本	教師を頼らず、自力で解決させることを重視。

紙工作「えんぴつ箱」	本から作りたいものを選び、必要なものを考え、用意し、自分で作る	準備物不足に気づかない→ヒントを与えるわからない→気づかれないよう補助する	箱、画用紙、割り箸など	折り紙同様、自力で解決させることを重視。達成感をもてるよう、補助も気づかないように配慮する。
漢字2問	25の漢字のうち2つを4回ずつ書く	丁寧さにこだわらず、誤りは軽く指摘し訂正させる	ワークシートマス原稿用紙（大）	「きれいに丁寧に正しい書き順で」よりも、書けることを重視。
クロスワード	短文を読み、クロスワードを解く	読み落としたら再度読ませる	ワークシート	読み落とし箇所の意味は、再読して把握させる。
計算（加減）	2問中、1つ選ぶ	難しいときは指や計算器の使用を許す	計算器	できたという実感を重視する。
間違い探し	間違いを5つ探す	難しいときはヒントを与える	ワークシート	注意深く見比べることを重視するが、疲労に配慮してヒントを与える。
ペグボード	ペグボードをする	わからないときはヒントを与える	ペグボード	やり方のヒントで、あきらめず持続させる。
ひらがなスタンプ	教師が作った言葉をスタンプで押す	読み落としがないように意識させる	ひらがなスタンプ	文字を書かせるのではなく、子どもが喜ぶスタンプ押しで正しく読み、表記する（使う）ことを優先。
シール絵本	教師が書いた短文を読み、シールを貼る	読み間違えたら再度読ませるヒントを与える	シール絵本	市販のシール絵本を利用し、子どもに身近な文章を提示した読解指導例。

総括と発展的考察

　通級を始めて間もない時期の指導である。認知発達の偏りや実行機能障害に起因する困難があり、本人はそれを「うまくいかなさ」として認識し始めている。そのためすでに二次障害を起こし始めており、主訴の改善や認知特性に応じた指導を行いつつ、情緒面への配慮を行う必要がある。

　苦手さを自覚している「読み書き」そのものだけを取り上げたのでは、低学年の幼い子どもであっても学習や通級に抵抗が出てしまう。このような場合、小集団場面では、指導したい課題はたくさんあっても弱さを指摘せず、安心して活動できる体験が必要であろう。個別指導場面では、子どもの情緒的な不安定さに配慮し、適切なヒントや助言、および評価を与えることができる。発達障害児の指導は、安易な受容的対応や、楽しい活動の体験による情緒の安定だけでは問題の本質に迫ることはできない。指導のベースラインを適切に設定し、無理のない段階的指導を行う中で、子どもの心情に配慮し、意欲的に活動できるように仕向けることが大切である。そのような活動や学習体験を通して、本人が知らなかった別の課題やできることに体験的に気づかせることができる。

　指導内容は、認知や言語の基本的なものが多く取り上げられている。低学年の子どもであり、基礎基本をきちんと定着させることが障害の克服につながる。主訴は読み書きの困難、計算の困難だが、背景にある発達的要因に着目し、楽しく活動させながら本質に迫っている。

　情緒的に安定し、落ち着いて行動できることで指導が成功したと考えがちだが、対象児の認知の偏りに対応した本当の指導は、今後も継続されていく。

実践例⑧　つまずきの背景にある障害特性に着目した読み書きの指導2

1　対象児

知的には平均から平均の上レベルの、読み書き障害のある4年生男子

2　指導のねらい

⑴　できない自分から、できる自分への意識の変容を図る

⑵　苦手なことではなく、やりやすいことからとりかかり、学習に臨める自分を認識させる

⑶　困っている、苦手と思っていることに挑戦する意欲をもたせる

⑷　楽しく、自分に合ったやり方を見つけ出し、文字の習得を図る

⑸　読み書きができると、いろいろなことがわかってくることに気づかせる

3　対象児の実態

　教室内ではほとんど授業に参加せず、いたずらを続けている。学級全体が落ち着かず、その中心に、いつも本児がいる。担任教師やクラスメートの言葉尻をとらえてヤジを飛ばしたり、消しゴムをちぎって投げ合ったりする。しかし、ひょうきんで楽しいことを言う本児に対して、クラスメートは好感をいだいている様子である。担任は、やればできると肯定的に受け止めてはいるが、きちんとした対応はないため、すっかりなめきっている状態といえる。

　学習にはまったく関心がなさそうにみえるが、関心のある理科的なことについては知識をもっている。口頭で尋ねれば答えられるが、テストやプリント教材は、手をつけようとしない。

　検査結果は次のようである（いずれも10歳1か月時に実施）。

・WISC-R：VIQ101、PIQ105、FIQ103

　　　　　　下位検査評価点：算数8、符号8、単語9以外は、10〜14の間に入る

・K-ABC：継次処理102、同時処理115、認知処理過程111、習得度94

　　　　　　習得度の下位検査：算数104、なぞなぞ109、ことばの読み68、文の理解101

・検査以外で把握した特徴：形の記憶保持がきわめて困難。形の特徴を言語化させると、保持率が顕著に向上する

4　基本方針

⑴　漢字の形を把握しやすくするために、形態認知の弱さを補償する方法として、視覚以外の手段を用いて「形」を言語化したり意味づけたりする「聴覚—言語系」フィードバックを用いる

⑵　正しい文字を把握しやすくするために、同時処理の強さを活用して、漢字の全体的な特徴に注意を向けさせ、次に各部分の位置関係に注意を向けさせるストラテジーを用いる

5　指導の流れ

(1)　指導の具体目標

①漢字を中心に、基礎学力の向上を図る

②言語化、パターン化を用いて、形態認知や記憶の向上を図る

(2)　指導内容

分野	項目	指導内容	留意点
認知	視覚記憶	カード取り（フラッシュ提示された1～3の図柄カードと同じものを3～10枚のカードの中から選び出す） 記憶による絵画模倣	自分なりの命名や形、位置の言語化で覚えやすい工夫をさせる
文字	漢字の読み	単語の読みと意味、短文の読みと意味	音読し、聴覚フィードバックを活用する
	漢字の分類	部首にこだわらず、形態的特徴による分類	
	言葉作り	構造的特徴による漢字の意味づけと構成	

(3)　展開（以下に詳しく紹介）

●展開1：絵画模倣

意味づけをすることにより、特徴を意識化させ、覚えやすくする。

その際に、形の特徴から、自分で命名をさせると効果的であった。

学習課題	留意点	指導上の工夫
幾何学図形を組み合わせた図柄の模写	1　注目 2　要素となる図形の位置関係の意識化 3　図柄のおおまかな特徴の把握① 4　図柄のおおまかな特徴の把握②　記憶による再生（50分後）	点線なぞりから模写へ 言葉で言わせてから模写 「○が左で△が右」など 言語化後、モデルを見ずに再生 「真ん中から2つに切れている」 図柄に命名し、モデルを見ずに再生 落っこちた矢印　など

●展開2：漢字の書き取り（抜粋）

　展開1で身につけた、「意味づけする」というストラテジーを応用すると、漢字が覚えやすくなることに気づかせる。

　書くことに抵抗が強いが、漢字カードの分類を楽しみ、いくつかの漢字を使った文章を書かせると、ギャグのような文章を楽しんで書くようになった。文章の質や内容を問うものではなく、書くことへの抵抗感をなくし、書ける自分に気づかせることを優先した。

学習課題	留意点	指導上の工夫
書き取り 形の特徴	1　おおまかな特徴の把握 部首にかかわりなく、特徴に注目させる	枠　　　　漢字カード 新　休　など
		枠　　　　漢字カード 雲　………
	2　漢字を構成する要素の理解	「親」　立がいて、木がいて、見ているのは親
	3　漢字の位置関係の理解	①左は、「立」の下に「木」がある ②右は、細長い「見」るがある
	4　形、位置関係への注目 言語化しながら書く：聴覚フィードバック	1の枠を示した書き取り用紙と漢字一覧表

(4)　指導の結果

　約10か月の指導で、3年生までの漢字の読み書きを習得し、4年生の新出漢字についても80％程度の習得ができた。漢字を覚えることよりも使うことを重視し、楽しい文章を書くことによって、文字への抵抗が薄れたこと、本児に合ったストラテジーを獲得したことが、成果につながったといえる。家族も、交換日記や手紙などで積極的に協力し、文字を楽しく使用する体験を重ねることができた。

通級－巡回

自立活動－教科補充

一個別

総括と発展的考察

　「字が書けない」ことのつらさと、獲得した喜びが、本児の学校適応を改善することにつながったといえる。知的能力に遅れはないものの、発達検査ではとらえられない形態記憶の障害があり、深刻な読み書き障害の状態に陥っていたものである。文字だけを取り上げた場合には、指導の中で考案したストラテジーを、さらに本児が自分で編み出した方法で応用していくことは難しかっただろう。その後、本児は、知的能力に見合った偏差値の大学に進み、現在は社会人として安定した生活をしているという。こじれきってしまう前の対応が、効果を発揮したといえるだろう。

　在籍学級担任は、作文指導に力を入れていたが、本児が文字を書こうとしないので、書かなくてもよいという対応をしていた。そのことを、表面的には「楽ができていい」と言っていた本児であるが、書けるようになったら「あの先生は、俺を相手にしてくれない」と、不満を漏らすようになった。担任としては、本児に文字を書かせる負荷をかけることで、いっそう授業中の不適応行動が激しくなると考え、無理をさせない配慮をしたつもりであったが、本児は、特別扱いをされていたことへの不満や怒りを、授業妨害という行動で表現していたものといえる。

実践例⑨　つまずきの背景にある障害特性に着目した読み書きの指導3

1　対象児

知的には平均から平均の上レベル、書字障害のある3年生男子

2　指導のねらい

(1)　眼球運動の向上

(2)　二次障害の改善

(3)　学習意欲の喚起と基礎学力の向上

3　対象児の実態

知的能力に比べて学習上の困難が大きく、自信を失い、意欲も低下してきている。

周囲の評価は、「やる気になればちゃんと書けるので、努力不足である」「姿勢が悪い」「注意集中や短期記憶に問題があるのではないか」というものであった。そのため、これまでは、不注意や短気、努力不足への指導が中心だった。

学習に関しては、文字の大きさが極端に不ぞろい、板書の視写が困難、漢字を書かない、読書はほぼ学年相応の本、算数は説明を聞いておおむね理解できている、工作は好き、など、文字を書くこと以外は大きな困難はない。子ども同士でのトラブルはほとんどなく、教室ではおとなしく目立たないように気をつけている様子。忘れ物が多い。しばしば目をこする。

4　課題設定の理由

個別指導担当者がワークブックによる視機能のチェックを行ったところ、両眼視と追随性眼球運動に課題がみられた。本児の気持ちとつまずきの状態から、医療機関の受診は勧めず、校内で対応することになった。

※視機能のチェックには、北出勝也氏の以下の書物を参考にした。

『ちゃんと見えているかな？——視覚の専門家オプトメトリストからのメッセージ』（えじそんくらぶ）

『勉強も運動も得意になる　子どもの「ビジョントレーニング」——1日7分「眼の運動」で、脳力アップ！』（PHP研究所）

5　指導の流れ

○眼球運動に特化した個別学習

視機能課題のトレーニング実施。同時に、改善が難しい場合を考えてキーボードでのローマ字入力練習も開始。

週1回の個別指導時のうち、20分間で実施。約半年間計10回の指導で改善がみられた。

○子どもの変容：半年後の様子

寄せ目ができるようになって両眼視が改善した。

縦書きでの文字が整ってきた。

自発的な漢字の使用、特殊音節の表記、マス内の地と図の見分けと手先の協調性が向上した。

同時に、キーボード操作時の頻繁な押し間違いや指の誤操作が改善して、代替的なアプローチの道も開けた。

○視機能改善の指導にあたっては、既成のワーブックを活用した。

> 既成のワーブックの使用で留意したいこと
> ● 子どもの様子をよく見極めて、二次的な現象と背景にある課題を分析し整理する
> ● ワークブックをそのまま使用するだけでなく、子どもの実態に合わせて課題をスモールステップに分けて、少しずつ難易度を上げる
> ● 一つひとつの動作や作業を丁寧に言語化し、うまくいくように必要な補助や励ましを十分に行い、どう思うかを確認しながら無理のない進度で実施する
> ● 子どもが自分の課題を理解し、ほかの場面でも必要に応じて自分で適切に対処できるための力をつける

ここからは、ゆ・っ・く・りていねいにね

そう!! うまくいってる

肩をそっとうしろに押し戻して両眼を使う姿勢に正す

総括と発展的考察

　本実践の特徴は、市販の教材を使っていること。その意義は2つある。1つは、実態を詳細に、正確にとらえるため、もう1つは、段階的な指導のためである。

　既成の、理論に基づいて配列されたものは使い勝手がよいかもしれない。しかし、教材に限らず何でも、○○法など一定の理論体系化はされていても、その子どもに特化したものではないことに留意する必要がある。この重要なことを本実践では述べている。

　本実践で次に重要なことは、この指導で十分な効果が上がらなくても将来困ることがないように、ローマ字入力という代替的なアプローチを用意したことである。書くことが苦手でも、キーボード入力という手段を使えば、文字を使うことを補償できる。子どもたちが大人になった頃には、今以上に携帯型のタブレットなども普及する。中学校進学後も有効に活用できるだろう。先の見通しをもち、指導に組み込んだ意味は大きいといえる。

通級一巡回

教科補充

個別

教材・教員

6 個別場面でも小集団でもできる感覚・運動の指導

狭い場所、個別指導場面でできる感覚・運動の指導方法と実践例を紹介します。小集団でも実施可能な活動です。併せて、役に立つ教材・教具の情報を。

1）個別場面でも粗大運動や協応運動の課題に対応

▆個別指導では取り上げにくいが…

通級指導学級（教室）や巡回指導では、個別指導が中心となる場合もあります。とかく、個別で行う感覚・運動の指導は、リコーダーや鍵盤ハーモニカの扱い、絵の具や彫刻刀の適切な使い方等々教科の補充指導に関するものや、工作や手芸的な物作りを通した、微細運動機能の向上、視覚―運動協応をめざしたに指導に偏りがちです。

特に、指導スペースが狭く、児童机といすしかない、個別指導塾や相談機関の面接室のような設定の場合、対象児が粗大運動や協応運動の課題を有していることがわかっていても、指導課題として取り上げにくいと考えられがちです。

▆指導のヒントは日常生活の中にたくさん

感覚・運動、運動・動作の指導のヒントは、家庭内にもたくさんあります。たとえば、洗濯物干し・取り込み・たたみ・収納などの一連の作業、食事の準備や配膳・片づけ、室内外の掃除、風呂掃除、大きくて重さのあるごみ出しなど、日常生活の中であたりまえになされていることが、効果的な運動系の課題を含んでいることに着目しましょう。

通級指導学級（教室）や巡回先でのグループ指導では、一日の流れの中にこれらの活動を取り入れているところが少なくありません。個別指導であっても、これらを、アレンジして、指導に取り入れることも可能でしょう。

2）指導にあたってのポイント

▆取り扱い・収納が容易な教材・教具を

そこで、ここでは、狭いスペースであっても実施可能な、粗大運動や協応運動の指導を取り上げます。個別指導場面だけでなく、小

狭い場所で動くことは危険と隣り合わせであることに、十分な配慮が求められる。

1　子どもの体の大きさと使う物のバランスを考える

高学年の子どもの場合には、物の大きさ、重さ、高さなどを考慮した活動を工夫する必要性が大きくなる。

2　床の材質、敷物の有無、壁や窓の性状に注意する

巡回指導教室は、教育相談室など、ほかの用途で使うこともあり、運動には不向きなことがある。床の材質によっては、はがすことが可能なテープすらつかなかったり、滑りやすかったりすることもある。短時間で設置可能な設定の工夫が求められる。入手しやすい滑り止めマット、大きな段ボールなどは、簡単に使える。

3　物の置き方に注意する

運動のために使う場合、倒れたりずれたりしないようにしたい。机を並べて使う際は、脚をしっかりくくりつける、いすは壁につける、角にテープで布を貼るなど、ちょっとした工夫が欲しい。

集団指導場面で実施可能なものもあります。いずれにしろ、訪問や巡回で教師が学校に赴くことを考慮すると、持ち歩くことは難しくなるので、大きいものの場合には、たたんで収納できる、ばらして置いておけるなどの工夫も必要です。

■手近なものの利用、アレンジの工夫も

また、机といす、カーペット、タオル、ひも、バケツなど、教室に普通に置かれているものを利用することも、工夫次第で可能となります。

紹介する実践例は、対象児を想定した通常の実践例のほか、子どもの実態、指導時間、スペース、指導者と子どもの数などに応じて、組み合わせたり単独で取り上げたりできる活動内容です。

●実践例⑩について

対象児は、通級指導学級への入級を希望していましたが、地域の実情から、対象外の判定を受け、巡回指導を受けるようになってしまいました。この子どもの課題は感覚・運動系の全体的な成熟の遅れ、集団場面での不適応行動です。個別の巡回指導では十分な対応ができませんが、与えられた条件下で、可能な限り課題に迫るしかありません。そんな恵まれない条件であっても、やりようによっては、いくらかは課題に沿うことができるでしょう。

そのような環境下で工夫をしている例として紹介します（→ p.124 実践例⑩）。

●実践例⑪について

これまで通級指導では、大半の学級が感覚・運動の指導を積極的に小集団の形態で行ってきました。それは、それぞれの運動技能の習得以上に、ソーシャルコミュニケーションの改善や、自己有用感を培い、他者の心を思いやるなど、実際の生活場面での人として生きる力の育成につなぎやすい活動場面であるからです。巡回指導でも、2、3組でグループを組むなど、小集団でしかできない指導に取り組んでください（→ p.128 実践例⑪）。

実践例⑩　室内の調度品を利用したミニサーキット

1　対象児

1年生男子：ASD、発達性協調運動障害

2　指導のねらい

(1)　感覚・運動能力の向上

(2)　学習態勢の確立

(3)　努力や忍耐の態度・習慣の育成

3　対象児の実態

　FSIQ130以上、VCI、WMI ≫ PRI、PSIで、知的能力が高く状況判断はできるが、不器用で道具の取り扱いや移動には時間がかかり、集団行動は遅れがちである。

　幼児期は、療育機関で、月1回ずつ、作業療法士と理学療法士に訓練を受けていた。就学と同時に終了となった。

　いやなこと、面倒なことを避けようとして、だらだらと時間稼ぎをしたり、いい加減に終わらせようとしたりする傾向がある

　幼児期（年長時）にすでに、小学校1年生程度の文章を読んで内容を読み取ることができる、繰り上がり繰り下がりのある計算ができるなど、小学校の教科の内容について特に教わった経験はないが身についていた。しかし、文字を書くことは困難で、自分の名前の文字は未習得である。

4　基本方針

(1)　指導時間が週1回45分と限られているため、必要度の高いことから始める

(2)　通級指導学級への通級をめざすが、入級が許可されるまでの間は個別で対応し、小集団指導への移行を容易にするための学習態勢を育てる

5　指導の流れ

(1)　指導環境

　　4畳半程度の広さで、床は木製タイル、敷物は敷いていない。ラインテープを貼ることは可能である。

(2)　指導の形態

　　個別指導

(3)　指導の全体的な流れ

活動内容	おおよその時間配分
①あいさつ：同室で学習するほかの子どもとあいさつを交わす	5分
②カレンダーワーク：名前・日付・天気等の記入（文字を書くことに慣れさせる。ワークシート形式で一部は○をつける）	5分

発達性協調運動障害があって、感覚・運動系の全体的な成熟の遅れ、集団場面での不適応行動が課題の子どもへの対応例。個別の巡回指導という厳しい条件下ながらも、工夫しながら実践している。

③工作：指先の巧緻性を高める課題	15分
④ミニサーキット	20分
⑤振り返り	5分

●基本の教室設定

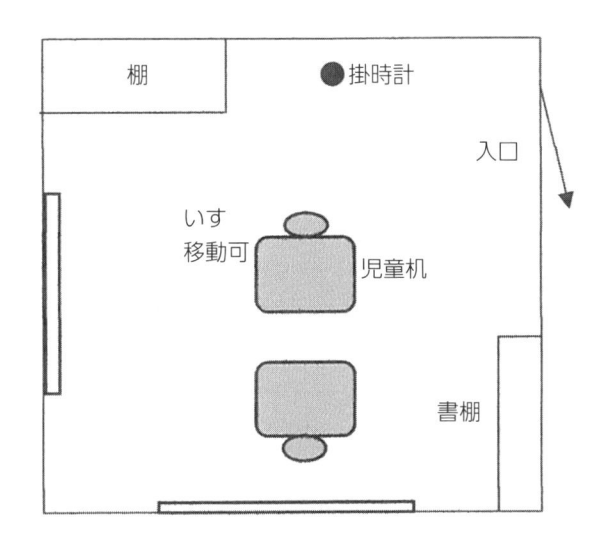

●活動時の教室設定

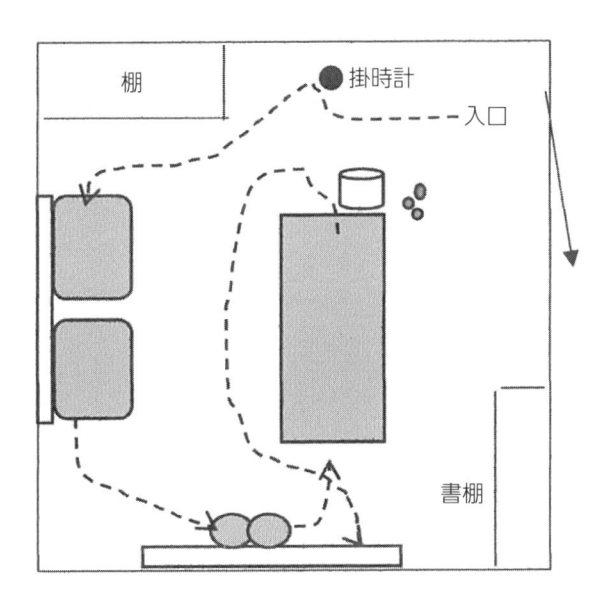

棚、書棚の用途

棚：高学年用の机、いす、CDラジカセ・ヨガマット・クッション・リング・かご・棒等の教具、指導者の荷物置き場

書棚：紙類、予定表（きょうのかつどう）用紙、小型の教材、プリント類、資料、等
　　　子どもの荷物置き場、等

●展開

1　課題提示

掛時計（高さ170cm程度の位置）に貼ってある。

いすを運んで紙を取り、いすを席に戻して課題（きょうのかつどう）を確認する。

2　活動場所づくり

指示どおりに机、いすを移動する。

3　活動

○机の下をくぐり、いすの上を歩いて超える。

○ヨガマットでポーズをとる。

　　〈ヨガマット上のポーズ例〉※1〜2つを選択

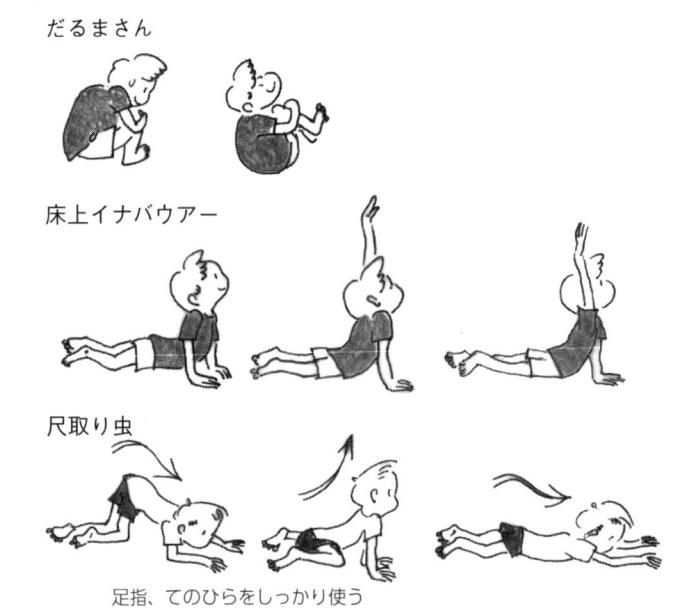

だるまさん

床上イナバウアー

尺取り虫

足指、てのひらをしっかり使う

とかげ

足の甲、腕で
ずり這い

○膝立ち姿勢で、お手玉入れ

○ホワイトボードに、回数を記入する。

4　片づけ

※子どもは時計を見ながら、20分以内で2〜4を行う。

> 4の活動内容は子どもの実態によって異なる。振り返りはその日の全部の指導のまとめのときに行う。

総括と発展的考察

　指導環境に限りがあると運動の課題は微細運動に偏りがちだが、工夫次第で全身運動を行うことができる。机の下くぐり、いすの上歩きなど、ふだん禁止されていることができるおもしろさ、指導者と一緒に考えた課題など、子どもの興味・関心を引く組み立てである。準備・片づけも含めて20分で、その中にもほかの運動課題の要素が入る。本児は、苦手なことは「時間稼ぎ」をして逃れようとする。楽しいミニサーキットの前に嫌いな工作を入れることで、だらだらと時間稼ぎをすることもなくなった。

　留意点として、指導の間のちょっとした気分転換とは異なりねらいを明確にした指導であること、一連の指導を継続的に行うことで効果が表れる、という2点を挙げておく。

室内調度品や施設設備などを利用した活動

1 机くぐり

ねらい 　○身体意識を高める　指先の感覚、てのひらの感触の意識化

　　　　○身体のバランスの向上

　　　　○手足の動きの協応

　　　　○体幹を鍛える

　　　　○中間姿勢を確立する

　児童机の下をくぐって、向こう側のものをとる。机が複数ある場合には、並べて使う。腹這い姿勢で、おなかを床につけず、爪先、てのひらに注意を集中させることにより、指先の感覚、てのひらの感触を意識させる。ふだんはほとんどとらない姿勢である。簡単なようで、非常に力がいり、バランスを求められる動きである。

2 宝探しゲーム

ねらい 　○身体意識を高める

　　　　○身体のバランスの向上

　　　　○手足の動きの協応

　　　　○視覚と運動の協応

　棚の上、掃除用具入れ、机の下、カーテンの影などに隠されたものを探す。

　棚の上には、水の入ったペットボトル、カーテンの陰には、しっかり巻いた新聞紙など、机の下は、床と同じ色の半透明のアクリル板など、姿勢を変えたり注意して見たりしないと見つけにくいものを隠す。点数化することで、ゲーム感覚で取り組むことが可能である。高さや大きさを工夫することによって、のけぞり、腹這い、バランスなど、さまざまな動きを体験させられる。

1　動物のポーズ

（1）　ねらい

○動きやすい体づくり

○身体意識を高める

○手足の動きの協応

○目と身体各部の協応

○体幹を鍛える

○中間姿勢を確立する

○相手に合わせた動きをする

○レベルアップ：時間を伸ばす、動作をゆっくり続けて行う

（2）　活動内容

①足指体操

※膝立ち等のぐらつきを支える

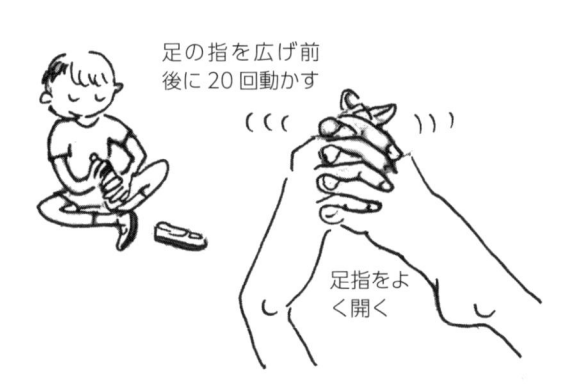

足の指を広げ前後に20回動かす

足指をよく開く

②犬のポーズ

上を見て20秒保つ

おなかに力を入れる

③猫のポーズ

上を見て7秒保つ

④犬のポーズ2

右手と左足を伸ばす

上を見て7秒、手足の左右交替で姿勢を保つ

左手と右足を伸ばす

対象児また対象グループの感覚・運動の課題に応じて、また場所と状況に応じて、適宜取り入れることが可能な活動と、工夫次第でさまざまに展開できる教材・教具を紹介。慣れてきたらレベルアップも図ろう。

⑤ペンギンのポーズ

肩幅に足を開く

腰をひねる

膝をつき腰を前に出し20秒保つ

ボールパス

⑥カンガルーのポーズ

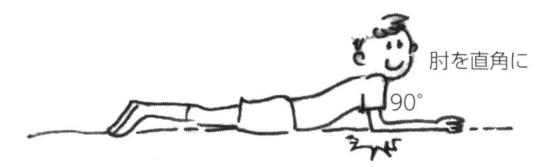

膝立ちをすばやく入れ替える

⑦ワニのポーズ

肘を直角に
90°

胸をそらし肘を伸ばして転がす　　ボールパス

⑧ラッコのポーズ

頭を起こして爪先を見る

頭を起こす　　ボールパス

解説

　特別な道具や用具を使わずに、短時間で取り上げられる。導入として取り入れることも可能である。
　中間姿勢は、日常生活でしばしば使われる姿勢であり、適応行動を広げ改善することをめざしたものといえる。
　個別指導場面では、子どもと教師の2人組みで行うが、複数の子どもがいる場合には、偶数であれば子ども同士のペア、教師も含めた場合には3人で入れ替えの体制など、工夫できる。
　子どもの実態に応じて課題を選ぶ。一定の期間、継続的に行うことが重要である。

2 くぐろう

(1) ねらい

○動きやすい体づくり

○身体意識を高める

○手足の動きの協応

○目と身体各部の協応

○体幹を鍛える

○中間姿勢を確立する

○動きを言語化して意識づける

○レベルアップ：時間を伸ばす、 動作をつなげゆっくり続けて行う

(2) 教材・教具（右図参照）

木枠に新聞紙を貼り、いろいろな形の穴をあける。木枠は蝶番をつけ、折りたたんで収納できるようにしてある。

(3) 実施方法

○スタートからゴールの途中で停止の条件を満たした場合、その場から後戻りをし、もう一度やり直す。

○リハーサル・言語化

木枠のみ、大きな穴から、小さな穴へ、体の動きの調節を練習する。

子どもがとっている姿勢や動きを教師が言葉で伝えたり、子どもに言わせたりする。言語化することにより、体の動きを意識化させる。

○停止の条件：体が枠に触れる

新聞紙が破れる音で気づきやすい。

○困難な場合は「手をもっと前に出す」「おしりを下げてみたら？」などのヒントを出す。それでも困難なときは教師が手助けをしたり枠を取り除いたりする。

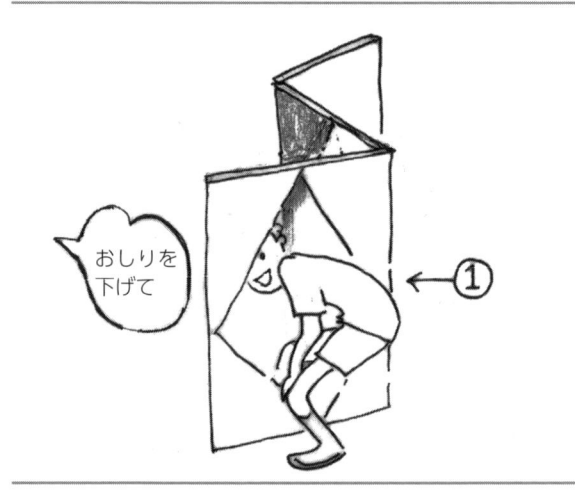

おしりを下げて ①

とまって！そのまま ③

②

> **解説**
>
> 運動量はけっして多くないが、全身の筋肉、関節を上手に動かさないと、失敗してしまう。高い集中力とボディイメージが要求される課題である。体の動きや姿勢を VTR でとって見せることは有効であるが、条件が整わないこともある。適切な言葉がけをすることにより、効果が期待できる。

3 ボール転がしキャッチ

(1) ねらい

〇安全に気をつけてすばやく動く

〇身体意識を高める

〇手足の動きの協応

〇目と身体各部の協応

〇ボールの操作の力

〇中間姿勢を確立する

〇周囲に合わせて行動を調整する

(2) 実施方法

スタートからボールキャッチのゴールまで、ボールに合わせて動きを切り替える。

〇レベルアップ：コースを児童机→事務机（折りたたみ可）、本、かご等の障害物

(3) 教材・教具（右図参照）

ボール、児童机・事務机、障害物（本・積み木）

※レベルに応じて

〈スタート〉

● すばやくゴールに移動してボールをキャッチ‼

レベルアップ
大→小
複数へ

〈ゴール〉

● ボールの動きをよく見ながら動く

レベルアップ
障害物

☆ボールを拾って再挑戦

レベルアップ
コースの起伏など工夫してみよう

解説

一人で、スタートし反対側に回り込んでボールキャッチする。うまくキャッチできるようにボール操作を調節したり、障害物でコースに変化をつけたりするなど、工夫ができて楽しめる。勝ち負けを競って対戦するのではなく、目標を達成するために工夫したり、作戦を立てたりすることが必要である。対象児が複数の場合は、同時にほかの人の動きに合わせたり、よいところや失敗に学ぶ経験を積んだりする機会として行いたい。室内の児童机、事務机、会議用の机などを利用した活動であり、巧技台やマットなどがない場所でも実施できる。

通級―巡回

自立活動―

集団―個別

教材・教具

4 棒取り

(1) ねらい

○安全に気をつけてすばやく動く

○身体意識を高める

○手足の動きの協応

○目と身体各部の協応

○中間姿勢を確立する

○周囲に合わせて行動を調整する

(2) 実施方法

目盛りに棒を立て、合図に合わせて棒を離し相手の棒を握る。棒が倒れないうちに手にしたら合格とする。全員の動きがぴったり合えば大成功。

○レベルアップ：反時計回り、言葉以外の合図の工夫など

(3) 教材・教具（右図参照）

ラインテープ（☆印：中心　○印：棒を立てる位置）、60cm前後の棒（体育用のプラスチック棒または木の棒）

●合図で、相手の棒を取りにダッシュ
●ぶつからないように

棒を立てて‼
●反時計回りも
●棒が転がらないうちにすばやく取って○印に立てる

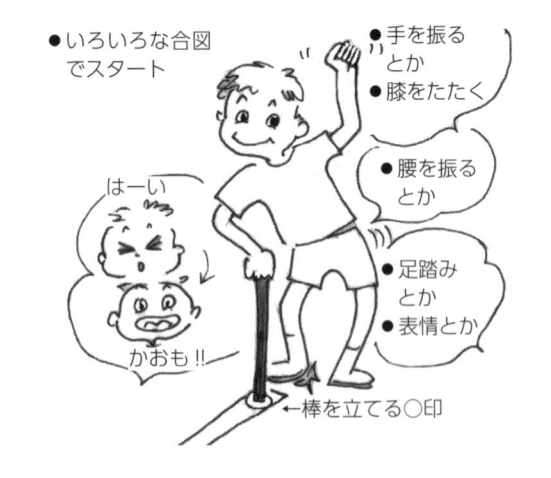

●いろいろな合図でスタート
●手を振るとか
●膝をたたく
●腰を振るとか
●足踏みとか
●表情とか
はーい
かおも‼
←棒を立てる○印

解説

　相手の動きを見て、タイミングを計って棒を取るために移動する課題である。勝つことへのこだわりが強く、状況認知が苦手な子どもたちにとっては、相手を見るよりも自分がうまくやることに注意が向きがちである。あえて、ゲーム的な要素を入れつつ、相手の様子をしっかりとらえないと合格できないことに気づかせ、体を動かすタイミングを体得させる設定となっている。床にテープなどで印をつけても可能。

　スタートの合図を言葉以外の身振りや表情で工夫させるが、これは「人と呼吸を合わせる」ことや、人とつながるための基本といえる。

5 大縄跳び

(1) ねらい

○動きやすい体づくり

○手足の動きの協応

○目と身体各部の協応

○周囲に合わせて行動を調整する

○全身のコントロール力をつける

(2) 実施方法

個別指導の場合、教師が縄を持って動かし、子どもが跳ぶことから始め、役割交代をする。特に苦手な子どもの場合には、逆でもよい。縄を持って振り子のように揺らし、子どもが縄に当たらないように通り抜けることから始める。

縄で難しい場合には、縄を使う前に軽い棒などで通り抜けるタイミングをつかませると、動きがとらえやすくなり通り抜けられるようになる

次第に、「1・はい」「2・はい」……の合図を生かすようにする。合図を聞き、体の動きを調整し、連続した動きの中で、縄を跳ぶように練習する。子ども同士で合図をかけ合うことにより、相手を意識したり動きを調整したりしやすくなる。

(3) 教材・教具（右図参照）

長縄、ラインの目印、小コーンなど

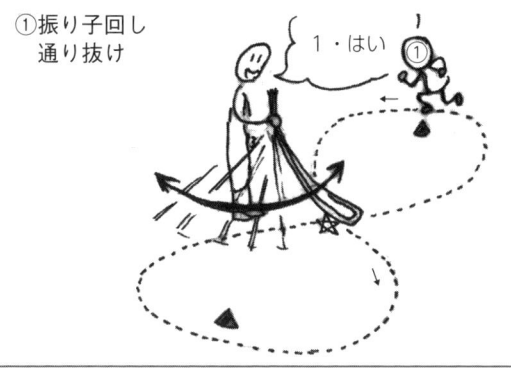

①振り子回し
通り抜け
1・はい

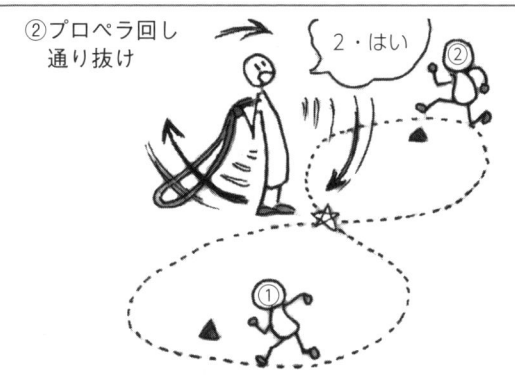

②プロペラ回し
通り抜け
2・はい

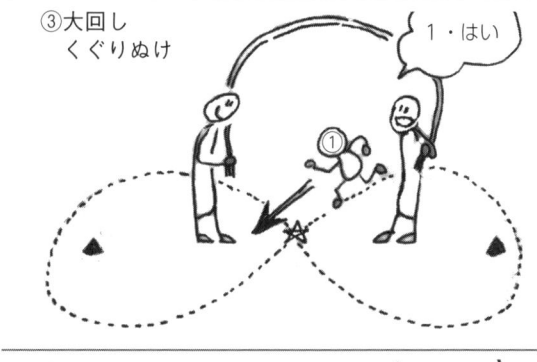

③大回し
くぐりぬけ
1・はい

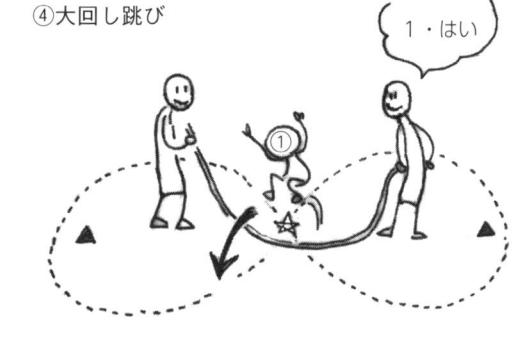

④大回し跳び
1・はい

6　ちびっこジム

（1）ねらい

　　○体力づくり

　　○身体意識を高める

　　○手足の動きの協応促進

（2）実施方法

　　天井からつるし、床から階段1段分、浮かせて使用する。日常とは違う、不安定な状態での遊具で、体のコントロール力やバランスなど全身の運動力の改善を図る。

　　必要に応じて、補助者が内側から縄や横木（最長90センチメートル前後）を支える補助を行う。横木は結び目で下から支えているので、段差の調節ができる。意欲づけのために、横木におもちゃをセットして行うこともある。

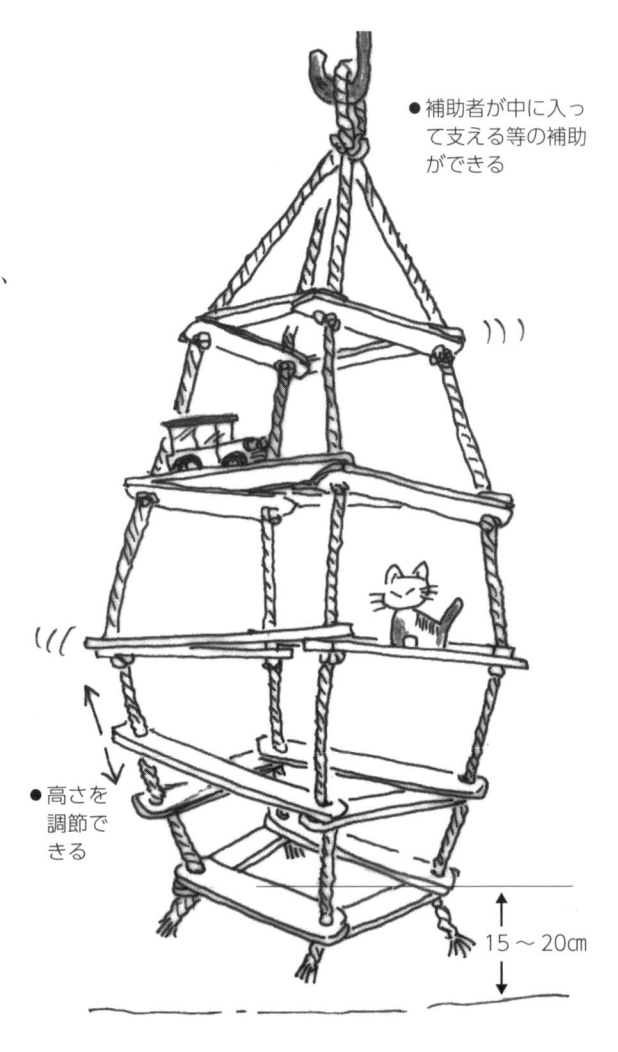

●補助者が中に入って支える等の補助ができる

●高さを調節できる

15〜20㎝

7 タッチ板

(1) ねらい
　　○手足、目の協応促進
　　○ジャンプ力をつける
　　○色の弁別等の学習

(2) 実施方法
　　厚紙と絵の具、ビニールテープ等で作製。子どものてのひらの大きさに合わせる。基準は子どもの身長に合わせ、調節できる。的当てや風船タッチに使える。

　　教師が言う色の名前を聞き、その色の厚紙にタッチする、きわめて単純なように見える課題である。

黄　青　白　緑　黒　赤

高さの調節
をする

通級―巡回

自立活動―

集団―個別

教材・教具

解説
　子どもは、教師の指示の言葉に注意を向け、色を選び、厚紙の高さに合わせてジャンプをする、手を伸ばすなど、体の動きを調節する。色の弁別は、静止状態ではほとんどの子どもができる。しかし、聴覚的注意と体の動きの調整の同時処理が求められると、いくつもの情報処理を行わなければならない。単純で楽しいゲームであるが、感覚統合の力を養うことができる課題である。

文献リスト

●引用文献

1　東京都心身障害教育教育内容充実検討委員会・東京都教育庁指導部心身障害教育指導課「昭和55年度心身障害教育教育内容充実検討委員会報告書並びに検討経過の資料　情緒障害児の望ましい教育の在り方」（1981年）

2　東京都教育庁指導部「情緒障害児教育のしおり」（1969年）

3　中根晃『自閉症研究』（金剛出版、1978年）

4　杉並区立堀之内小学校「研究集録　情緒障害児の指導―自閉児　昭和44年度」（1970年）

5　東京都公立学校情緒障害教育研究会「都情研担任会研究集録　昭和50年度」（1976年）

6　東京都公立学校情緒障害教育研究会「都情研担任会研究集録　昭和51年度」（1977年）

7　東京都教育委員会「東京都発達障害教育推進計画」（2016年）

8　町田市立南成瀬小学校情緒障害等通級指導学級「教育計画」（2014年）

●参考文献

第1部

9　鈴木茂「情緒障害（自閉症または自閉的傾向）をもつ子どもの教育の一考察」（国立特殊教育総合研究所長期研修報告書、昭和47年度No.025、1972年）

10　鈴木茂「改訂版　ほりのうち学級の誕生とその成果」（2011年）

11　全国情緒障害教育研究会「ラター教授来日記念記録集」（1984年）

12　全国情緒障害教育研究会 編『個性的に生きる―自閉症児成長の道すじ』（日本文化科学社、1999年）

13　全国情緒障害教育研究会 編『通常の学級におけるAD/HDの指導』（日本文化科学社、2003年）

14　全国情緒障害教育研究会 編著、野村東助・村田保太郎・大南英明 監修『全国情緒障害教育研究会からみた自閉症教育のあゆみと今後の展望―自閉症教育全国情緒障害教育研究会40年の歴史』（ジアース教育新社、2011年）

15　The American Psychiatric Association 編、高橋三郎ほか 訳『DSM-Ⅳ精神疾患の診断・統計マニュアル』（医学書院、1996年）

16　American Psychiatric Association 編、日本精神神経学会 日本語版用語監修、髙橋三郎・大野裕 監訳、染矢俊幸・神庭重信・尾崎紀夫・三村將・村井俊哉 訳『DSM-5 精神疾患の診断・統計マニュアル』（医学書院、2014年）

17　文部科学省 編著『改訂第2版　通級による指導の手引―解説とQ&A』（佐伯印刷、2012年）

18　東京都教育委員会「特別支援教育資料　東京都特別支援教育推進計画第三次計画に基づく特別支援学級の教育内容・方法の充実事業報告―小・中学校の特別支援教育の推進のために」（2014年）

19　東京都教育委員会「特別支援教室の導入ガイドライン―小学校の〈情緒障害等通級指導学級〉が〈特別支援教室〉に変わります」（2015年）

20　東京都教育委員会「東京都発達障害教育推進計画」（2016年）

21　サイモン・バロン＝コーエン 著、水野薫・鳥居深雪・岡田智 訳『自閉症スペクトラム入門』（中央法規出版、2011年）

22　ウタ・フリス 著、冨田真紀・清水康夫・鈴木玲子 訳『自閉症の謎を解き明かす』（東京書籍、2009年）

23　クリストファー・ギルバーグ 著、田中康雄 監修、森田由美 訳『アスペルガー症候群がわかる本』（明

石書店、2003 年)

24 トニー・アトウッド 著、冨田真紀・内山登紀夫・鈴木正子 訳『ガイドブックアスペルガー症候群—親と専門家のために』（東京書籍、1999 年）

25 内山登紀夫・水野薫・吉田友子 編『高機能自閉症、アスペルガー症候群入門』（中央法規出版、2002 年）

26 キャスリーン・ナドー、エレン・ディクソン 著、水野薫 監訳、内山登紀夫 医学監修、ふじわらひろこ 絵『きみもきっとうまくいく—子どものための ADHD ワークブック』（東京書籍、2007 年）

27 水野薫・岡田智 編『自閉症スペクトラム障害の社会的認知と行動—障害特性に特化した SST の実際』（日本文化科学社、2011 年）

28 リンダ・J. フィフナー 著、上林靖子ほか 監訳『こうすればうまくいく ADHD をもつ子の学校生活』（中央法規出版、2000 年）

29 府中市教育委員会・府中市立府中第三小学校情緒障害学級「情緒障害学級十年のあゆみ—情緒障害教育における教材・教具の工夫と開発」（1982 年）

30 都立多摩教育研究所「心身障害教育教材キット目録」（1997 年）

31 宮口幸治「教育講演 コグトレとは何か？ 次世代の治療トレーニング」『小児の精神と神経』Vol.57（日本小児精神神経学会、2017 年）pp.29-37

32 藤原鴻一郎『段階式発達に遅れがある子どもの算数・数学 ⑴数と計算編』（学習研究社、1995 年）

33 藤原鴻一郎『段階式発達に遅れがある子どもの算数・数学 ⑵量と測定編』（学習研究社、1995 年）

第 2 部・その 1

34 岡田智・上山雅久・岡田克己「教室でできる特別支援教育アセスメントシートの開発—チェックリストの標準化の試み」『共立女子大学家政学部紀要』No.57（2011 年）pp. 109-117

第 2 部・その 2

35 鳥居深雪『脳からわかる発達障害—子どもたちの「生きづらさ」を理解するために』（中央法規出版、2009 年）

36 杉並区立杉並第七小学校情緒障害通級指導学級「開級 30 周年記念紀要 杉並区の情緒障害学級30 年の歩み—堀之内学級からすぎしち学級へ 平成 2 年度〜平成 11 年度」（2000 年）

37 豊島区立時習小学校情緒障害学級（時習学級）「実践報告」（1998 年）

38 東京都公立学校情緒障害教育研究会「平成 7 年度都情研設置校部担任研修会 分科会報告資料」（1996 年）

39 新宿区立淀橋第二小学校情緒障害学級「昭和 60 年度実践報告」（1986 年）

40 新宿区立淀橋第一小学校情緒障害学級（生活学級）「平成 6 年度東京都新宿区教育委員会研究紀要学習上の特異な困難を有する児童の指導—通級制情緒障害学級での指導を通して」（1995 年）

41 通級学級〈きらり〉「〈きらり〉実践の記録—小集団指導を大切にした学級づくり 7 年のあゆみ」（府中市立住吉小学校情緒障害等通級指導学級、2016 年）

42 秋元有子「数学的思考の視点から見た算数障害」『教育心理学研究』Vol.65,No.1（日本教育心理学会、2017 年）pp.106-119

43 水野薫「形の記憶に特異な困難を示した書字障害児の指導」『LD（学習障害）—研究と実践』Vol.6,No.2（日本 LD 学会、1998 年）pp.67-75

44 北出勝也『改訂版　ちゃんと見えているかな？—視覚の専門家オプトメトリストからのメッセージ』（えじそんくらぶ、2005 年）

45 北出勝也『勉強も運動も得意になる子どもの「ビジョントレーニング」—1 日 7 分「眼の運動」で脳力アップ！』（PHP 研究所、2013 年）

46 東京都公立学校情緒障害教育研究会「都情研担任会研究集録　昭和 52 年度」（1978 年）

47 ポール・A. アルバート、アン・C. トルートマン 著、佐久間徹・谷晋二 監訳『はじめての応用行動分析』（二瓶社、1992 年）

48 Peter Vermeulen『I Am Special—Introduction Children and Young People to their Autistic Spectrum Disorder』(Jessica Kingsley Publishers、2000 年)

138　文献リスト

協力者一覧

安齋佳子	（あんざい　よしこ）	元東京都情緒障害学級担任
伊藤久美	（いとう　くみ）	元東京都情緒障害学級担任
伊藤律子	（いとう　りつこ）	伊達市立堰本小学校
今井秀二	（いまい　しゅうじ）	板橋区立板橋第二小学校
井本志保	（いもと　しほ）	江東区立豊洲北小学校
上山雅久	（うえやま　まさひさ）	東京都公立学校情緒障害教育研究会事務局　西東京市立東伏見小学校
岡田　智	（おかだ　さとし）	北海道大学准教授
川﨑葉子	（かわさき　ようこ）	むさしの小児発達クリニック院長
黒須真希	（くろす　まき）	江戸川区立東葛西小学校
齋藤眞理子	（さいとう　まりこ）	元東京都情緒障害学級担任
戸松照枝	（とまつ　てるえ）	前新潟市教育委員会指導主事　新潟市立山田小学校
中島修一	（なかしま　しゅういち）	元東京都情緒障害学級担任
橋本　徹	（はしもと　とおる）	元都立教育研究所調査普及部長　元東京都情緒障害学級担任
長谷川安佐子	（はせがわ　あさこ）	全国情緒障害教育研究会事務局　元東京都情緒障害学級担任
三村勝規	（みむら　まさのり）	大田区立志茂田小学校
松本和美	（まつもと　かずみ）	元岡山県情緒障害学級担任
山﨑晃資	（やまざき　こうすけ）	医療法人弘徳会愛好病院顧問
横田圭司	（よこた　けいじ）	ながやまメンタルクリニック院長

まとめにかえて

　初期の情緒障害教育は、東京都の担任たちがリードしていたといえますが、東京都が特にすばらしかったということではありません。ASD（自閉スペクトラム症）が学校教育に登場した1970年代に、全国から多くの教員たちが内地留学で、東京学芸大学の野村東助先生の研究室に集まっていたと聞いています。そして、研修が終了した後も、そのときの仲間たちが交流を重ね、情報交換をしながら、各地の情緒障害教育をリードしていたそうです。私たちは、先人たちが基礎を築いたころから、情緒障害教育にかかわるようになりました。すでに、全国の情緒障害学級では、ASD児への意図的な指導が始まっていた頃です。

　当時、心理や医療では、依然として、ASDは母子関係の障害であり、情緒の安定を第一に、強制的なかかわりはしてはいけないという考え方が主流だったようです。

　元都立梅ヶ丘病院院長の中根晃先生の言葉を思い出します。

　「ある情緒障害学級に行ったとき、担任の先生が子どもたちに、『集合』と声をかけ、補助の先生たちが子どもたちを並ばせたら、自閉症の子どもたちが横一列に並んだんです。そして、先生の動作に注目してまねをしました。すごいですね、教育って」

　梅ヶ丘病院では、子どもたちをプレイルームで自由に遊ばせることが治療と考えられており、「まさか、自閉症の子どもが号令で動くなんて、目からウロコでしたよ」と、感動的に話され、以来、学校の先生たちと一緒に、この子たちの治療を考えたいと思うようになったとおっしゃっていました。

　今回、情緒障害学級担任たちの実践や研修の足跡をたどってみて、ASD治療やその教育が、担任教師たちの手さぐりの努力によって、発展・充実してきたことを、あらためて実感しました。教育と臨床心理の二股をかけている私は、かねてからいちばん進んでいるのは教師、次が専門医、いちばん遅れているのが臨床心理士と感じ、公言してきました。全部があてはまるわけではありませんが、ASDの治療・教育を支えてきたのは、教師たちであることは間違いないといえます。このことを、教師たちは誇りに思ってほしいと考えます。

　昭和50年代、担任たちはよく勉強をしていました。野村研究室の「卒業生」たちが築いた基礎は、今日の情緒障害教育の中に、ずっと生き続けています。国立特殊教育総合研究所（現在の独立行政法人国立特別支援教育総合研究所）には、受容を提唱する研究者が多かったようですが、考え方や立場の違う人とも一緒に勉強を重ねていたこともわかりました。幅広く、いろいろな人とかかわりながら、実践を深めていたのでしょう。集まりやすいという地理的な条件、多くの大学や研究機関があるという条件から、他道府県の担任たちはよく上京してきていました。それぞれの自治体ごとに設置形態は異なりましたが、指導内容・方法は共通するものでした。

　結果的に東京都の教員たちが、東京都公立学校情緒障害教育研究会（都情研）の組織を基盤として全国情緒障害教育研究会（全情研）の実務も担うことになり、東京都が全国の情緒障害教育をリードしていたといわれるようになったようです。

　1990年代になると、LD概念が広く認知されるようになり、また、通級による指導の法制化で、対象となる子どもたちの実態が変わってきました。初期の対象児は、知的発達の遅れとASDの

症状の両方があり、多くの子どもが小学校の途中から、あるいは中学進学時に、知的障害学級や養護学校（特別支援学校）に進み、福祉的な支援を受けながら卒業後の生活を送っていました。

このとき私たち全情研の有志で、自分たちの教え子の今を、一冊の本（全国情緒障害教育研究会編『個性的に生きる　自閉症児成長の道すじ』日本文化科学社、1999年）にまとめました。障害の程度が重いといわれていた初期の情緒障害学級対象児たちが、成人して、自分らしく生きている姿から、積極的な指導を行ってきたことが間違いではなかったと再確認しました。

次第に、情緒障害学級に通う子どもたちの中に、義務教育終了後、特別な配慮なしに受験し、高校、大学へと進む子も出てきました。一般社会の中で社会人として職業生活を送る人も増え、結婚して親になっている卒業生もいます。ASD が広汎性発達障害といわれるようになり、PDD、LD、ADHD に関係するさまざまな治療法、教育法が巷にあふれかえってきました。専門的な知識や経験のない担任が増え、ハウツー本に飛びつく教師も出てきました。対象児の拡大、LD 概念の浸透、環境要因で発達障害様の状態像を示す子どもたちも目立ってきました。通常の学級がとても大変な思いをしている時期でした。

このときも全情研の有志で、通常の学級の担任にも役に立つことをめざして実践書（『通常の学級における AD/HD の指導』日本文化科学社、2003年）を出しました。

担任たちは、OB・OG も含めて、行政や研究者とは違う、現場人の視点で、常にこの子どもたちの教育を考えてきました。情緒障害教育の 50 年というのは長いようで短い、新しい教育です。大きな変化があったといえます。しかし、この間に築かれたものは、非常に大きく、今日でも十分に通用する基礎的な考え方には、変わりはありません。

本書は、筆者が日頃からかかわっている情緒障害学級の多くの現職の教員、ずっと以前から一緒に勉強をしてきた OB や、医者、研究者の協力でできあがりました。皆さんの熱意と冷静な判断力のたまものといえるでしょう。心から感謝しています。

本書を出版するにあたり、本の種出版の小林恵子さんには丁寧に助言をしていただきました。本当にお世話になり、ありがとうございました。

編者　水野　薫

編者紹介

水野　薫（みずの　かおる）

Space Zero PDD 心理・教育研究所所長。東京都生まれ。千葉大学教育学部養護学校教員養成課程卒、東京学芸大学大学院教育学研究科修士課程修了。東京都公立小学校教諭、府中市教育相談所兼任相談員、東京都教育委員会指導主事（教育庁指導部、都立教育研究所、都立多摩教育研究所）、福島大学大学院（発達臨床心理学）教授等を経て現職。児童精神科、心療内科臨床心理士。専門はASD の心理、発達検査理論。

おもな編著書に、『自閉症スペクトラム障害の社会的認知と行動—障害特性に特化した SST の実際』（日本文化科学社、2011 年）、『幼稚園・保育所の先生のための障害児保育テキスト』（教育出版、2006 年）、『高機能自閉症・アスペルガー症候群入門』（中央法規出版、2002 年）、訳書に、『自閉症スペクトラム入門—脳・心理から教育・治療までの最新知識』（中央法規出版、2011 年）、『きみもきっとうまくいく—子どものための ADHD ワークブック』（東京書籍、2001 年）などがある。

著者紹介

ASD 教育実践研究会（エイエスディきょういくじっせんけんきゅうかい）

ASD（自閉スペクトラム症）およびその周辺の子どもたちの教育にかかわる現役の教師、そのOB・OG などによって構成した団体。情緒障害教育 50 年の歴史の中で築いてきた ASD 教育の知見を、今後の教育に生かしたいと願い、実践的な研究と啓発活動を行っている。

実践に学ぶ特別支援教育
ASD児を中心とした情緒障害教育の成果と課題、
そしてこれからの姿

2017年7月25日　初版第1刷発行

編　者　水　野　　薫
著　者　ASD教育実践研究会
発行人　小　林　豊　治
発行所　本の種出版

〒140-0013　東京都品川区南大井3-26-5　3F
電話 03-5753-0195　FAX 03-5753-0190
URL http://www.honnotane.com/

本文デザイン　小西　栄
イラスト　齋藤眞理子
DTP　アトリエRIK
印刷　モリモト印刷

ISBN 978-4-907582-14-2
Printed in Japan

発達障害の子の子育て相談シリーズ

A5判・2色刷り・160〜184p

第1期

❶ 思いを育てる、自立を助ける

著者：明石洋子

❷ 就学の問題、学校とのつきあい方──恐れず言おう、それは「正当な要求」です！

著者：海津敦子

❸ 学校と家庭で育てる生活スキル 既刊

著者：伊藤久美

❹ こだわり、困った好み・癖への対処

著者：白石雅一

❺ 性と生の支援──性の悩みやとまどいに向き合う 既刊

編者：伊藤修毅　著者："人間と性"教育研究協議会　障害児・者サークル

❻ キャリア支援──進学・就労を見据えた子育て、職業生活のサポート 既刊

著者：梅永雄二

第2期

❼ 片付け、整理整頓の教え方

著者：白石雅一

以下続々刊行予定

本の種出版
bookseeds